Zwischen Klagemauer und Künstlerkolonie

Jerusalem ist eine der ältesten und faszinierendsten Städte der Welt. Dem Zauber dieses Ortes kann man sich nur schwer entziehen. Bei einem Streifzug durch die Stadt genießen Besucher einen großen Vorteil: Die bedeutendsten Sehenswürdigkeiten liegen eng beieinander und man kann spielend von einer Epoche in die nächste „wandern". Zugleich hat Jerusalem aber auch seine Schattenseiten und ist stark vom Nahostkonflikt geprägt.

Dieser Reiseführer soll Ihnen dabei helfen, eine entspannte und vor allem sichere Reise ins Heilige Land zu unternehmen. Ich möchte Ihnen zeigen, dass es inner- und außerhalb der alten Stadtmauer nicht nur unzählige Sehenswürdigkeiten aus vergangenen Jahrhunderten gibt, sondern dass Jerusalem auch eine bunte, kreative Stadt ist, in der sich in den letzten Jahren viel getan hat. Der einst heruntergekommene osmanische Bahnhof in der German Colony 35 beispielsweise ist heute kaum wiederzuerkennen. Nach einer Generalüberholung hat er sich unter dem Namen The First Station 34 zu einem hippen Areal mit Restaurants und Bars gemausert, das sich bei den Jerusalemern großer Beliebtheit erfreut. In der Künstlerkolonie Hutzot Hayotzer 32 spürt man ebenfalls, wie viel schöpferische Kraft in dieser politisch so brisanten Region schlummert. Und auch der lebhafte Mahane-Yehuda-Markt 42 hat sich in den letzten Jahren gewandelt: Pulsierend, überraschend und farbenfroh, wie er ist, wirkt er wie ein Spiegel des Landes. In diesem Sinne: Herzlich Willkommen, „Brukhim haBaim" und „Achlan wa sachlan"!

Der Autor

Markus Bingel (geb. 1986) war schon immer von Israel fasziniert, ein Land, dessen liebenswerte Bewohner er erstmals während eines Schüleraustauschs kennenlernte. Jerusalem lässt ihn seitdem nicht mehr los. Während seiner Tätigkeit für das Jüdische Historische Institut in Warschau begann er, sich intensiv mit der jüdischen Kultur zu beschäftigen und Hebräisch zu lernen. Den gebürtigen Südbadener und passionierten Numismatiker zog es beruflich zunächst nach Osteuropa, wo er unter anderem in Lublin, Allenstein, Lemberg und Sankt Petersburg lebte. Seit mehreren Jahren ist der Lektor, Blogger (https://wildeast.blog) und Autor für den Reise Know-How Verlag tätig, bei dem er zahlreiche weitere Reiseführer veröffentlicht hat, vor allem zu Süd- und Osteuropa. Außerdem schreibt er für andere Verlage u.a. Architekturführer und historische Bücher. Sein besonderer Dank gilt Avital, Liran und Tal für ihre vielen wertvollen Tipps.

085je-mb

Jerusalem auf einen Blick

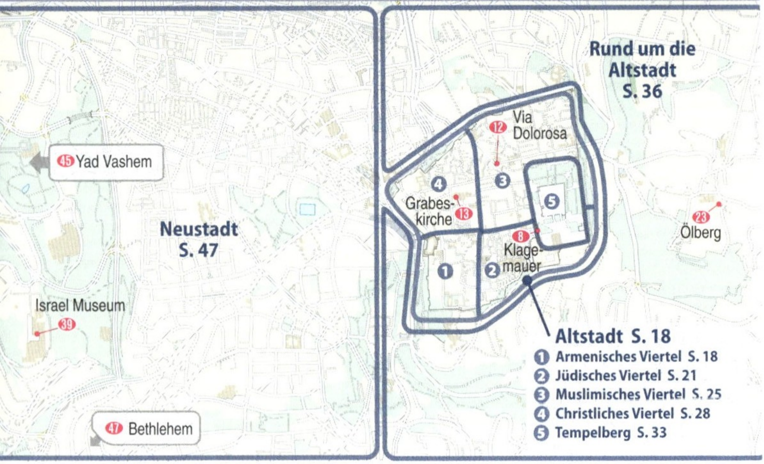

Inhalt

Cleveres Nummernsystem

Die Sehenswürdigkeiten sind im Text und im Kartenmaterial mit derselben **magentafarbenen ovalen Nummer** 1 markiert. Alle anderen Lokalitäten wie Geschäfte, Restaurants usw. tragen ein **Symbol und eine fortlaufende rote Nummer** (1). Die Liste aller Orte und die Zeichenerklärung befinden sich im Anhang.

Bewertung der Sehenswürdigkeiten

★★★ nicht verpassen
★★ besonders sehenswert
★ wichtig für speziell interessierte Besucher

Planquadrat im Kartenmaterial

[A1] Orte ohne diese Angabe liegen außerhalb unserer Karten. Ihre Lage kann aber wie die aller Ortsmarken mithilfe der begleitenden Web-App angezeigt werden (s. Anhang).

Vorwahlen

- **Israel:** +972
- **Jerusalem:** 02
- **Deutschland:** +49
- **Schweiz:** +41
- **Österreich:** +43

Alle im Buch gelisteten Telefonnummern sind mit der Ortsvorwahl für Jerusalem angegeben (ruft man vom Ausland aus an, wird die 0 weggelassen).

Ortsverzeichnis und Straßennamen

Auf Seite 128 findet sich ein **dreisprachiges Ortsverzeichnis**, das alle in diesem Buch aufgeführten Sehenswürdigkeiten beinhaltet. In diesem CityTrip werden die **Adressen** meist auf Hebräisch, in Ausnahmefällen aber auf Englisch angegeben, sofern die englische Bezeichnung geläufiger ist. In Jerusalem sind die **Straßenschilder** immer dreisprachig (hebräisch, arabisch, englisch).

Updates zum Buch

www.reise-know-how.de/citytrip/jerusalem22

Die Chagall-Fenster (s. S. 64) zählen zu den bei Touristen noch wenig bekannten Schätzen Jerusalems

NICHT VERPASSEN!

8 Klagemauer [C3]
Die Westmauer, der einzig verbliebene Rest des früheren Herodianischen Tempels, ist für Juden auf der ganzen Welt das Symbol der Einheit Gottes mit dem israelischen Volk (s. S. 23).

12 Via Dolorosa [C2]
Der „Schmerzensweg“ durch das Muslimische und Christliche Viertel ist die bedeutendste christliche Pilgerroute und birgt einige Überraschungen (s. S. 28).

13 Grabeskirche [B3]
Der Ort, an dem sich das Grab Jesu befinden soll, ist das wichtigste Pilgerziel der Christen (s. S. 31).

14 – 16 Tempelberg [D3]
Hier wollte Abraham seinen Sohn Isaak opfern und soll Mohammed seine Himmelfahrt angetreten haben. Auch wenn Nichtmuslime Al-Aksa-Moschee und Felsendom nicht betreten dürfen, lohnt sich ein Spaziergang über das imposante Areal (s. S. 33).

23 Ölberg [E2]
Der Berg jenseits des Kidrontals ist Muslimen, Christen und Juden heilig. In Erwartung des Endes der Welt, das hier eintreten soll, entstanden zahlreiche faszinierende Sakralbauten (s. S. 41).

39 Israel Museum [am]
Das bedeutendste Museum des Landes ist der ideale Ort, um sich über die jahrtausendealte Geschichte Israels zu informieren (s. S. 53).

45 Yad Vashem
Die eindrucksvolle zentrale Holocaust-Gedenkstätte erinnert an die Shoa, aber auch an die Gerechten unter den Völkern (s. S. 60).

47 Bethlehem
Jerusalems palästinensische Schwesterstadt verfügt mit der Geburtskirche über eines der bemerkenswertesten Gotteshäuser des Nahen Ostens. Die Gassen rund um die Kirche versprühen viel Flair (s. S. 64).

001je-mb

Willkommen in Jerusalem

Jerusalem ist ein Ort wie kein anderer: seine Geschichte hochspannend, seine Bauten prächtig, seine Gegenwart konfliktreich. Im Folgenden soll kurz beschrieben werden, wie die Perle des Orients aufgebaut ist und welche Stadtteile für Touristen besonders interessant sind.

Grob gesagt ist Jerusalem, das im Arabischen **Al-Quds** („die Heilige") heißt, in **zwei Bereiche** aufgeteilt: einen modernen, von Israel kontrollierten **westlichen Teil** und einen **östlichen Teil**, der im Zuge des Sechstagekriegs von Israel annektiert wurde, was völkerrechtlich umstritten ist. Und hier fängt das Problem auch schon an. Israel sieht nämlich ganz Jerusalem als sein Territorium an und betrachtet es als seine Hauptstadt – dies wird jedoch nur von wenigen Staaten anerkannt, darunter Guatemala und die USA. Der östliche Teil soll nach Willen der Palästinenser einmal die Hauptstadt eines unabhängigen Palästinenserstaates werden. Als Tourist sollte man sich aus politischen Diskussionen raushalten, dazu ist der Nahostkonflikt bei Weitem zu vielschichtig. Wichtig ist aber zu wissen, dass sowohl West- als auch Ostjerusalem **problemlos betreten** werden können. Die Demarkationslinie, die etwa in Online-Kartendiensten (s. S. 106) eingeblendet wird, spielt in der Realität keine Rolle – als Besucher kann man also ohne Weiteres zwischen den beiden Stadtbereichen wechseln.

004je-mb

Eine der ersten Shoppingadressen Jerusalems: die Alrov Mamilla Avenue (s. S. 85)

Vorseite: Vom Ölberg 23 aus hat man die beste Sicht auf die Altstadt

In **Ostjerusalem** liegt die Jerusalemer **Altstadt**, der unbestritten bedeutendste Bereich der gesamten Metropole. Hier ballen sich die legendären Sehenswürdigkeiten Jerusalems. Von der **Klagemauer** 8 über den **Felsendom** 15 bis zur **Grabeskirche** 13 sind hier auch die drei für die monotheistischen Weltreligionen bedeutendsten religiösen Stätten zu finden. Daneben versprüht dieser Teil der Stadt reichlich **orientalischen Charme**: Enge, gewundene Gassen, Marktgeschrei, ein Meer von Gerüchen und viele Touristen prägen diesen Stadtteil. **Festes Schuhwerk** ist in der Altstadt Pflicht. Wenn es geregnet hat oder eine Klimaanlage tropft, sind die teils jahrhundertealten Stufen mitunter sehr glatt und man kommt ins Rutschen. Auf Seite 14 ist ein **Stadtspaziergang durch die Altstadt** beschrieben, der an den bedeutendsten Attraktionen vorbeiführt.

003je-mb

Östlich der Altstadt schließt sich das **Kidrontal** 22 an, an dessen östlichem Ende sich der **Ölberg** 23 und der **Skopusberg** 30 erheben, die mit weiteren interessanten Sehenswürdigkeiten aufwarten.

Westjerusalem, die **Neustadt**, hingegen hat ein spürbar moderneres Gesicht. Es ist Sitz der Hauptstadtverwaltung, des **Parlaments** (der Knesset 38) und etlicher sehenswerter **Museen.** Außerdem präsentiert sich dieser Teil – auch im übertragenen Sinne – wesentlich „westlicher" als der historische Stadtkern. Der Nahverkehr und die Infrastruktur sind besser ausgebaut und man kann sich leichter orientieren als im Osten der Stadt. Allerdings wirkt in Westjerusalem alles etwas herausgeputzter, eine Spur geschniegelter als in Ostjerusalem. Zu den bedeutendsten Attraktionen in diesem Teil der Stadt zählen die Gedenkstätte **Yad Vashem** 45, das **Regierungs- und Kulturviertel Givat Ram** 37 mit dem grandiosen **Israel Museum** 39, der **Herzlberg** 44 und die **German Colony** 35. Weiter im Westen liegt **Ein Kerem** 46, das an ein mediterranes Bergdorf erinnert. Einen gänzlich anderen Charakter weist das mehrheitlich von strengorthodoxen Juden bewohnte Viertel **Me'a She'arim** 43 auf, wo noch heute viel Jiddisch gesprochen wird.

Auch im **Umland** von Jerusalem gibt es viel zu entdecken. Dabei sticht vor allem **Bethlehem** 47 heraus, das nicht nur mit seinem arabischen Flair glänzt, sondern mit der Geburtskirche auch über eine der bedeutendsten christlichen Pilgerstätten der Welt verfügt. Unweit von Bethlehem befindet sich das **Herodium** 48, das eine faszinierende Zeitreise in die Epoche der Zeitenwende ermöglicht.

Während **Ostjerusalem** problemlos **zu Fuß** erkundet werden kann, sind die Entfernungen in **Westjerusalem** schon etwas größer, sodass man

Wichtige Landmarken wie Grabeskirche 13 (links) und Erlöserkirche (rechts) erleichtern die Orientierung

hier auf das gut ausgebaute **Busnetz** (s. S. 124) zurückgreifen sollte. Die **Straßenbahn** (s. S. 123) hingegen ist für Touristen weniger von Bedeutung, da sie lediglich durch die Neustadt fährt und nur ein Teil der in diesem Buch beschriebene Sehenswürdigkeiten an ihrer Strecke liegen.

Mein Tipp

Jerusalem von oben

An **Aussichtspunkten** herrscht wahrlich kein Mangel, wenngleich sich aufgrund der besonderen Baugeschichte der Stadt immer nur Teile Jerusalems bestaunen lassen:

- **Hechal Shlomo Jewish Heritage Center** (s. S. 71): Vom Dach des Kulturzentrums genießt man eine wunderbare Aussicht auf die Neustadt.
- **Hurva-Synagoge** 5: Vom Dach des vor wenigen Jahren rekonstruierten Gotteshauses eröffnet sich ein einmaliger Blick auf das Jüdische Viertel, dessen Dachterrassen häufig als kleine Gärten fungieren.
- **Österreichisches Hospiz** 11: Von der Schwester-Bernadette-Terrasse hat man beste Sicht auf den Tempelberg und die westliche Altstadt.
- **Ramparts Walk** (s. S. 20): Beim Gang über die Stadtmauer sind weniger spektakuläre Ansichten als vielmehr ungewöhnliche Perspektiven zu erwarten, die auch Bereiche umfassen, die man als Tourist sonst nicht zu Gesicht bekommt.
- **Skopusberg** 30: Mehrere Aussichtspunkte ermöglichen nicht nur einen erstklassigen Blick auf Alt- und Neustadt, sondern auch auf die jüdischen Siedlungen und die Palästinensergebiete östlich des Zentrums (s. Foto unten).
- **Tower of David** 2: vielleicht der schönste Aussichtspunkt der Altstadt mit unverstelltem Blick auf den Felsendom 15
- **YMCA-Turm** (s. S. 121): Der im 19. Jh. errichtete Turm in der Neustadt bietet ein unvergleichliches 360-Grad-Panorama.

005je-mb

Kurztrip nach Jerusalem

Wer Jerusalem eingehender kennenlernen und eine Vorstellung von seiner Vielfalt erhalten möchte, dem sei empfohlen, zwei oder drei Tage in der Stadt zu verbringen, vielleicht in Kombination mit einem Strandurlaub in Tel Aviv.

Wegen des **Schabbats** (s. S. 116) sollte man einen Aufenthalt möglichst **nicht auf einen Freitag oder Samstag legen:** An diesem jüdischen Ruhetag verkehren keine öffentlichen (israelischen) Verkehrsmittel, kaum ein Lokal hat geöffnet, ganz zu schweigen von Geschäften und den meisten Museen. In puncto Einschränkungen ist der Schabbat also nicht mit einem deutschen Sonntag vergleichbar.

Anreisetag

Einen ersten Überblick über die Stadt, die auf eine rund 3000-jährige Geschichte zurückblickt, kann man sich im **Museum der Stadtgeschichte in der Davidszitadelle** (2) verschaffen – im übertragenen Sinne ebenso wie im wortwörtlichen, denn vom Turm eröffnet sich eine fantastische Aussicht. Wer am Abend hier weilt, sollte sich die spektakuläre Sound- und Lichtshow nicht entgehen lassen.

Da die Altstadtgassen abends oft wie ausgestorben sind, nimmt man am besten den **Bus** (s. S. 124) und fährt in die Neustadt, und zwar zu **The First Station** (34), wo man den Abend in einem der Restaurants und bei einem anschließenden Barbesuch ausklingen lassen kann. Alternativ bietet sich ein Bummel durch die nahe **German Colony** (35) an, wo man viel vom jungen, aufstrebenden Israel spüren kann.

007je-mb

⌃ *Bunte Schirmchen in der Neustadt*

Das gibt es nur in Jerusalem

- **Eine 3000-jährige Geschichte:** Nur wenige Städte auf der Welt sind schon so lange besiedelt wie Jerusalem, das zudem allen drei großen monotheistischen Weltreligionen heilig ist.
- **Den Mahane-Yehuda-Markt** (42): Israels größter Markt lässt seine Besucher an unzähligen Ständen und in etlichen Lokalen eine enorme Bandbreite orientalischer Gerüche und Geschmäcker erleben.
- **Ein aus der Zeit gefallenes Viertel:** Im ultraorthodoxen Viertel **Me'a She'arim** (43) fühlt man sich in ein osteuropäisches Schtetl aus dem 19. Jh. versetzt.

008je-mb

MEIN TIPP

Jerusalem an einem Tag

Natürlich reicht ein Tag bei Weitem nicht aus, um alle Facetten der geschichtsträchtigen Metropole zu entdecken. Wenn man sich jedoch vornehmlich auf die **Altstadt** beschränkt, gewinnt man einen ersten Eindruck. Wer nur wenig Zeit hat, sollte daher dem Verlauf des auf Seite 14 beschriebenen **Spaziergangs 1** folgen, der zu den bedeutendsten Attraktionen des alten Jerusalem führt.

Für eine ausgiebige Besichtigung der **Neustadt** wird die Zeit nicht reichen, aber zumindest das **Abendessen** kann man dort einnehmen. Hierfür bieten sich entweder The First Station 34 in der German Colony 35 oder der Mahane-Yehuda-Markt 42 an – beide Orte punkten mit einer hohen Dichte an Restaurants, Bars und Kneipen.

Zweiter Tag

Der erste volle Tag in Jerusalem steht ganz im Zeichen der Altstadterkundung. Wer dem auf Seite 14 beschriebenen **Stadtspaziergang 1** folgt, erhält einen guten Überblick über die zentralen Sehenswürdigkeiten Jerusalems, wobei die Zeit kaum ausreichen wird, um alle Highlights ausführlich kennenzulernen.

Wer mittags nach dem ersten Teil des Spaziergangs mit **Tempelberg** (s. S. 33) und **Klagemauer** 8 eine Pause einlegen will, ist bei **Al Baghdadi** (s. S. 77) bestens aufgehoben – hier werden in einfachem Ambiente himmlische arabisch-palästinensische Speisen aufgetischt. Frisch gestärkt kann man im Anschluss die **Via Dolorosa** 12 ablaufen, die an der **Grabeskirche** 13 endet.

Nach der Altstadterkundung bietet sich ein halbstündiger Spaziergang gen Osten bis zum **Ölberg** 23 an. Unterwegs passiert man das **Kidrontal** 22, das ebenfalls mit einigen Sehenswürdigkeiten glänzt.

Dritter Tag

Der zweite Tag widmet sich dem **modernen Jerusalem** im Westen der Stadt. Man sollte recht früh in den Tag starten, denn an einzelnen Sehenswürdigkeiten ist mit großem Besucherandrang zu rechnen. Zur Erkundung Westjerusalems bietet sich insbesondere der auf Seite 16 beschriebene **Stadtspaziergang 2** an.

Egal, ob man sich für einen Besuch der Gedenkstätte **Yad Vashem** 45

Anziehungspunkt für Gläubige und Touristen: die Klagemauer 8 oder des **Regierungs- und Kulturviertels Givat Ram** 37 mit dem **Israel Museum** 39 und der **Knesset** 38 entscheidet, die Eindrücke werden einen noch lange beschäftigen.

Gegen Mittag geht es auf den **„Machne“** 42, wie die Jerusalemer ihren Markt, den größten des Landes, liebevoll nennen. Hier gibt es nichts, was es nicht gibt. Nach dem Kauf origineller Souvenirs, orientalischer Gewürze oder typisch israelischer Süßspeisen kann man in einem der vielen **Lokale**, die sich hier angesiedelt haben, eine kulinarische Pause einlegen.

Anschließend bleibt noch genügend Zeit für eine Reise in eine völlig fremde, gleichwohl fesselnde Welt: ein Besuch im ultraorthodoxen Viertel **Me'a She'arim** 43.

Der Tag lässt sich dann im Quartier südlich der **Jaffa Street** und östlich der **King George Street** beschließen, dem sogenannten **Downtown Triangle** [dk], wo unzählige internationale und israelische Lokale auf Kundschaft warten.

Abreisetag

Die Planung des letzten Tages hängt von den weiteren Reiseoptionen ab. Möchte man **in den Süden** fahren, etwa via Eilat ans Rote Meer, nach Masada, Jordanien oder in die Palästinensergebiete, ist ein Besuch des **Herodiums** 48 und **Bethlehems** 47 fast schon Pflicht. Der Geburtsort Jesu bietet ein echtes Kontrastprogramm zu Jerusalem, versprüht er doch nach wie vor den Charme einer mittelalterlichen arabischen Stadt.

Geht die Reise hingegen **gen Norden oder Westen**, etwa nach Tel Aviv oder Haifa, empfiehlt sich ein Besuch von **Ein Kerem** 46. Die Heimat von Johannes dem Täufer ist heute ein reizendes Bergdorf mit einladenden Lokalen und einer Vielzahl bedeutender Sakralbauten.

Man sollte allerdings berücksichtigen, dass die **Ausreiseformalitäten** (s. S. 108) viel Zeit in Anspruch nehmen können und dafür genügend Zeit einplanen.

Egal, wie man sich entscheidet, schließlich heißt es Abschied nehmen von einer der eindrucksvollsten Städte der Welt. „Lehitraot“ und „Ma'a as-salamah“ – auf Wiedersehen und hoffentlich bis bald!

Blick auf den Ölberg 23 mit der Kirche aller Nationen 25 vorn und der Maria-Magdalena-Kirche 26 hinten

011je-mb

Stadtspaziergänge

Stadtspaziergang 1: Durch die Altstadt

Für diesen als **Rundgang** konzipierten Spaziergang sollte man sich einen **halben Tag** Zeit nehmen. Auch wenn die Altstadt flächenmäßig relativ überschaubar ist, wird man angesichts der Fülle an Sehenswürdigkeiten einige Zeit benötigen, um all die Schönheiten des alten Jerusalem zu entdecken.

Den Ausgangspunkt bildet das **Jaffator** 1, eines der acht Tore, die den Eingang zur Altstadt markieren. Rechts neben dem Tor kann man sich im **Museum des Tower of David** 2 einen Überblick über die Stadtgeschichte verschaffen. Folgt man dem Straßenverlauf, passiert man die ehemalige österreichisch-ungarische, heute israelische Post und befindet sich nun mitten im Zentrum des **Armenischen Viertels.** Die **Sankt-Jakobs-Kathedrale** 3 gehört zu den interessantesten Bauten dieses Teils der Altstadt, der nach wie vor von der armenischen Community bewohnt wird. Weiter geradeaus erreicht man das südliche Ende der Altstadt.

086je-as©Kushnirov Avraham - stock.adobe.com

Routenverlauf im Stadtplan

Die hier beschriebenen Spaziergänge sind mit einer farbigen Linie im Stadtplan eingezeichnet.

An der mittelalterlichen **Stadtmauer** wendet man sich nach links, geht am **Zionstor** [B5] vorbei und beim großen Parkplatz links auf dem leicht erhöhten Fußweg ins Herz des **Jüdischen Viertels.** Folgt man dem Weg in Richtung Norden, gelangt man unweigerlich zur **Hurva-Synagoge** 5 auf der rechten Straßenseite, von deren Dach man einen wundervollen Blick auf die Altstadt und den Tempelberg genießt. Wer eine Pause einlegen möchte, ist mit **The Quarter Cafe** (s. S. 80) gut beraten. Nach dem Besuch der Synagoge geht es in den **Cardo** 6, eine bedeutende byzantinische Handelsstraße und auch heute noch eines der Handelszentren der Altstadt. Im engen Gassengewirr, umhüllt von Gerüchen und unzähligen optischen Eindrücken, kann man sich leicht verlaufen.

Bei der **Rehov Sha'ar ha-Shalshelet** [C3] biegt man rechts ab und wendet sich nach einigen **Stufen** rechts in die Straße Ha-Kotel, um zum Checkpoint und über diesen zur **Klagemauer** 8 zu gelangen. Anschließend folgt man dem Mauerverlauf gen Süden und passiert einen weiteren Checkpoint. Im **Davidson Center** 7 und dem zugehörigen **Archäologischen Park** kann man sich anhand von Ruinen über die antiken Tempel informieren, bevor es zurück auf den Platz der Klagemauer geht, von wo aus man über einen Steg und einen weiteren Checkpoint den **Tempelberg** [D3] erreicht. Nichtmuslime dürfen die **Al-Aksa-Moschee** 14 und den **Felsendom** 15 zwar nicht betre-

010je-mb

ten, nichtsdestotrotz zählt der Besuch dieses Areals auch für sie zu den faszinierendsten Eindrücken einer Jerusalem-Reise.

Am Nordende verlässt man den Komplex über einen Durchgang und landet mitten im **Muslimischen Viertel.** Geht man nach rechts, erreicht man das **Löwentor** [D2], den Ausgangspunkt der **Via Dolorosa** ⓬. Deren Verlauf ist ab Seite 28 genauer beschrieben und bildet den nun folgenden Teil dieses Spaziergangs. Bevor es auf den berühmten Schmerzensweg Jesu geht, kann man im nördlich der Via Dolorosa gelegenen **Al Baghdadi Restaurant** (s. S. 77) einen authentischen palästinensischen Imbiss zu sich nehmen – angesichts der vielen touristischen Lokale von mitunter zweifelhafter Qualität eine willkommene Abwechslung.

Am Ende des „Leidensweges" findet man sich in der **Grabeskirche** ⓭ wieder, die die Keimzelle des **Christlichen Viertels** bildet. Geht man die Via Dolorosa nun ein Stück zurück und spaziert dann gen Norden, erreicht man das **Damaskustor** ❾, das vielleicht schönste Tor zur Altstadt. Auf dem Weg dorthin passiert man etliche reizende **arabische Geschäfte,** die neben touristischen Artikeln auch Dinge des täglichen Bedarfs für die Bewohner der Altstadt bereithalten und dadurch ein authentisches Shoppingerlebnis bieten.

Nachdem man das Damaskustor durchschritten hat, befindet man sich in der **Neustadt.** Links der Stadtmauer folgend kommt man zum **Rathaus.** Geht man hier wiederum links an der Stadtmauer entlang, gelangt man zurück zum Jaffator und somit zum Ausgangspunkt des Spaziergangs.

Der Felsendom ⓯ ist eines der wichtigsten Heiligtümer des Islam

Geschäftiges Treiben am Jaffator ❶ – hier startet der erste Stadtspaziergang

Stadtspaziergang 2: Das moderne Jerusalem

Für diesen **Rundgang**, der zu bedeutenden Kultureinrichtungen, auf quirlige Märkte, durch bunte Viertel und lauschige Parks führt, sollte man einen **ganzen Tag** einplanen, sofern man unterwegs zwei oder drei Museen besuchen möchte. Den Spaziergang sollte man **nicht an einem Samstag** unternehmen, da dann nahezu alle Einrichtungen geschlossen sind.

Ausgangspunkt dieser Tour bildet, wie schon beim ersten Spaziergang, das **Jaffator** 1 am Rande der Jerusalemer Altstadt. Von hier geht es zunächst ein Stück entlang der Stadtmauer in Richtung Norden und dann nach links durch die elegante Einkaufsmeile **Alrov Mamilla Avenue** (s. S. 85). Diese ist nicht nur für Shoppingfans interessant, sondern auch für Kunstinteressierte, denn sie wird von einer Vielzahl von **Skulpturen** gesäumt.

Am Ende der Anlage geht man die **Treppen** nach oben, über die Straße und dann leicht schräg rechts den Hügel hinauf in die Rehov Shlohomzion. An der folgenden Gabelung hält man sich links. Die kleine Straße **Shim'on Ben Shatakh** zeichnet sich durch ihre farbenfrohen **Street-Art-Gemälde** aus, hier locken auch einige Restaurants. An ihrem Ende spaziert man links bergab und dann am großen Platz rechts, vorbei am sehenswerten **Friends of Zion Museum** (s. S. 70). Danach hält man sich wieder rechts und kommt in die **Rehov Yoel Moshe Salomon**, eine der schönsten Gassen der Neustadt mit etlichen Boutiquen, Restaurants und Bars sowie dem **Hebrew Music Museum** (s. S. 71). Die Gasse mündet in die **Jaffa-Street**, die Schlagader von Downtown Jerusalem. Diese überquerend, geht es geradeaus über die Straßenbahngleise in die Rehov HaRav Agan und dort gleich wieder links (parallel zur Jaffa Street) zum **Kokia House** (s. S. 71). An der Rückseite dieses Museums befinden sich mit dem **Ticho House** (s. S. 73), zu dem auch das empfehlenswerte Lokal **Anna** (s. S. 79) gehört, und dem **Beit HaRav Kook** (s. S. 70) gleich zwei weitere spannende Aus-

014je-mb

stellungshäuser. Im Anna lässt sich eine Pause einlegen.

Über die Rehov Ha Nevi'im und die Natan Strauss Street geht es anschließend im Bogen zur Kreuzung mit der Jaffa Street, der man nach rechts folgt. An der Haltestelle Ha-Davidka spaziert man nach links in die Rehov Ki'ach, an der Kreuzung mit der Agripas Street biegt man rechts ab. Schon sind die Ausläufer des **Mahane-Yehuda-Markts** 42 erreicht. Hier kann man Stunden verbringen und sich eine wohlverdiente Stärkung gönnen.

Zurück in der Agripas Street, folgt man deren Verlauf. An der Kreuzung mit der Rehov Nisim Bachar hält man sich links. Am Ende der Straße gelangt man, rechts abbiegend, zum **Sacher Park** (s. S. 90), einer grünen Oase inmitten der Neustadt, die gleichzeitig den Auftakt zum **Regierungs- und Kulturviertel Givat Ram** 37 markiert. Man schlendert gemütlich gen Süden durch den Park. Dabei kann man **Abstecher** zur **Knesset** 38, zum **Bible Lands Museum** 40 oder zum **Israel Museum** 39 unternehmen.

Der Spaziergang führt weiter parallel zu der nach Süden verlaufenden Hauptstraße über den schmalen Grünstreifen, der hinter der **Unterführung** beginnt. Als Nächstes erreicht man das beeindruckende **Kreuzkloster** 41. Dahinter folgt eine viel befahrene **Kreuzung**, nach deren Überquerung es nach links leicht bergan geht. Hier am Spielplatz steht ein ehemaliger Wachposten mit Schießscharten, den britische Wachen heute nur noch in Form von **Street-Art** bewachen.

Ein Highlight der Neustadt: die Künstlerkolonie Hutzot Hayotzer 32

An der folgenden Kreuzung geht man rechts in die Ha-Rav Hayim Berlin und sofort links die **Treppen** hinauf. Oben angekommen, läuft man an dem Gebäude mit der Menorah auf dem Dach bergan in die kleine Gasse und oben an der Straße rechts zum **Museum for Islamic Art** 36. Von hier ist es nur noch ein Katzensprung zur ehemaligen Leprakolonie, dem **Hansen House** (s. S. 73), das man über die Chopin Street erreicht, die auch am **Jerusalem Theatre** (s. S. 84) vorbeiführt.

Anschließend geht es weiter entlang der **Rehov Dubnov** [dn]. Die Gebäude auf der rechten Straßenseite erinnern ein wenig an die deutsche Heimat – hier beginnt die **German Colony** 35. Der Weg führt am **Kreisverkehr** geradeaus über die modern gestaltete Grünfläche geradewegs zu **The First Station** 34. Wer nun müde ist, kann den Spaziergang beenden und den Tag in einem der Lokale ausklingen lassen, z. B. im in ganz Jerusalem bekannten **Adom** (s. S. 83).

Ansonsten beginnt nun der Endspurt zurück zum Startpunkt. Dazu folgt man der Hauptstraße ein Stück nach Norden, um an der nächsten Kreuzung in den **Park** zu spazieren. Hier kann man bereits die **Montefiore-Windmühle** 33 ausmachen, den nächsten Zwischenstopp. Bergab über die **Treppen** geht es in das urige Viertel **Yemin Moshe.** Hier nimmt man eine der Gassen links und schlendert oberhalb der Talsenke **Sultan's Pool** entlang, die heute v. a. für Open-Air-Veranstaltungen genutzt wird (s. Merrill Hassenfeld Theater auf S. 84). So gelangt man in die **Künstlerkolonie Hutzot Hayotzer** 32 und nach einem kurzen Stück entlang der Stadtmauer zurück zum **Ausgangspunkt** des Spaziergangs.

Altstadt

Die Altstadt ist Teil von **Ostjerusalem**, also jenes Stadtteils, der gemäß der offiziellen Position zahlreicher Länder als zukünftige Hauptstadt eines palästinensischen Staates dienen soll. Hier sind die bedeutendsten historischen Sehenswürdigkeiten Jerusalems, ja ganz Israels, sowie die Juden, Christen und Muslimen heiligen Stätten versammelt. Israel beansprucht auch diesen Teil der Stadt als sein Territorium – so kommt es aus politischen und religiösen Gründen immer wieder zu Konflikten.

Große Teile der Altstadt sind von einem bis zu 20 Meter hohen **Festungsring** eingerahmt, den Süleyman der Prächtige im 16. Jh. errichten ließ. Die damals angelegten **Tore** bilden nach wie vor den Zugang zu diesem faszinierenden Mikrokosmos der Weltreligionen.

012je-mb

Das Christliche Informationszentrum (s. S. 111) markiert den Eingang zum Armenischen Viertel

Die Altstadt unterteilt sich in ein **muslimisches**, ein **christliches**, ein **jüdisches** und ein **armenisches Viertel** und ist kleiner als gemeinhin angenommen. Könnte man sie auf dem Festungsring vollständig umrunden (s. Ramparts Walk auf S. 20), benötigte man dafür nicht einmal eine Stunde. Über Jahrhunderte war die Altstadt nicht nur der vielleicht größte Zankapfel der Welt, sondern bildete auch das „eigentliche" Jerusalem. Alle Gebiete außerhalb der Altstadt entstanden erst ab dem 19. Jh. oder wurden später eingemeindet.

Der **Zugang** zur Altstadt ist bis heute nur über die alten Stadttore möglich, von denen das **Damaskustor** 9 im Norden das monumentalste ist. Die meisten Touristen betreten die Stadt heute aber über das **Jaffator** 1 im Armenischen Viertel.

Armenisches Viertel [A–B4]

Nach wie vor ist das Armenische Viertel das **am wenigsten besuchte Quartier** der Altstadt. Im 4. Jh. war Armenien das erste Land, welches das Christentum zur Staatsreligion erklärte. In Jerusalem entwickelte sich eine eigene Gemeinde, die zu jener Zeit ein viel größeres Gebiet umfasste als das heutige Viertel. Auch unter arabischer Herrschaft konnte die kulturelle Eigenständigkeit bewahrt werden. Nach dem Ersten Weltkrieg kamen weitere Armenier hierher, nach der Staatsgründung Israels und in den folgenden Jahrzehnten emigrierten große Teile der Bevölkerung. Dennoch ist das Viertel mit seinen vielen armenischen **Töpfereien** und einigen **Lokalen** weiterhin stark armenisch geprägt und weist somit einen spürbar anderen Charakter auf als andere Teile der Altstadt.

1 Jaffator ★ [A3]

Einst markierte dieses 1538 errichtete Tor einen der wichtigsten Zugänge zur Stadt, denn von hier aus verliefen die **Handelsrouten** in die gleichnamige Hafenstadt, die heute ein Teil von Tel Aviv ist. Traditionell ritten Pilger bis zu diesem Tor, um dann ehrfurchtsvoll von ihren Pferden abzusteigen und die letzten Meter in die Heilige Stadt zu Fuß zurückzulegen. Der wohl bekannteste Einzug erfolgte allerdings zu Pferd, als **Kaiser Wilhelm II.** 1898 auf seinem Schimmel durch das Tor ritt und so seinen Jerusalem-Besuch einläutete. Der deutsche Kaiser war mit dem über das Heilige Land herrschenden Sultan verbündet. Eine Theorie besagt, dass die heute noch genutzte breite Öffnung an der Westseite des Tors damals in die Anlage geschlagen wurde, um dem Kaiser seinen triumphalen Einzug zu ermöglichen. Anfang des 20. Jh. zierte ein Uhrenturm das Tor, unter britischer Verwaltung wurde dieser aber abgerissen, um den ursprünglichen Charakter der Anlage wiederherzustellen. Ein ähnlicher Turm befindet sich in Jaffa und stellt dort eine der beliebtesten Sehenswürdigkeiten dar.

Auch heute noch ist das Jaffator von großer Bedeutung: Jeden Morgen strömen zahlreiche Pendler durch das Tor, denn unterhalb des Baus verläuft die zentrale **Nord-Süd-Achse** Jerusalems. Außerdem dient das Jaffator den meisten Touristen als Ausgangs- und Treffpunkt für eine Erkundungstour durch das alte Jerusalem.

015je-mb

⌃ *Das Museum in der Davidszitadelle ist ideal, um sich einen ersten Überblick über die Stadtgeschichte zu verschaffen*

2 Tower of David mit Museum of the History of Jerusalem ★ [B3]

Die **Davidszitadelle**, einst eine mächtige Festung, geht nicht etwa auf den legendären König zurück, sondern wurde im 1. Jh. v. Chr. von **Herodes dem Großen** angelegt, später teilweise von den Römern zerstört und von **Süleyman dem Prächtigen** neu aufgebaut, der auch die immer noch existierende Stadtmauer verantwortete.

Die Zitadelle besteht aus einem Mauerring, der von **fünf Türmen** an den Seiten verstärkt wird. Heute ist hier das sehenswerte **Museum der Stadtgeschichte** untergebracht. Beim Gang durch das chronologisch aufgebaute Museum, das weniger historische Artefakte als vielmehr Schautafeln, Modelle und Karten umfasst, gewinnt man einen guten, wenngleich nicht sehr tiefen Einblick in die wechselvolle Geschichte Jerusalems. Daher empfiehlt sich ein Besuch eher für diejenigen, die sich bisher noch nicht eingehender mit der Stadthistorie Jerusalems befasst haben.

Lohnenswert ist ferner der **Blick vom Dach** einer der Türme: Von dort genießt man eine grandiose Aussicht auf Alt- und Neustadt. Auch die **archäologische Zone** im **Innenhof** ist beeindruckend – hier finden sich steinerne Zeugnisse aus mehreren Epochen.

Das unbestrittene Highlight des Towers of David ist jedoch die abendliche **Sound- und Lichtshow**, ein beeindruckendes, 45-minütiges Multimedia-Erlebnis, bei dem die Mauern der Zitadelle zur überdimensionalen Projektionsfläche werden.

› gleich neben dem Jaffator 1, www.tod.org.il, Mo.–Do. u. Sa. 10–17, Fr. 10–15 Uhr, Erw. 40 ₪, erm. 30 ₪, Kinder bis 18 Jahre 18 ₪, Show 65/60/52 ₪, Kombiticket: 80/65/50 ₪. Die abendliche Show findet je nach Saison und Wetter zu unterschiedlichen Zeiten statt, Termine und Buchung über die Website (unter „Night Experiences", schnell ausgebucht).

MEIN TIPP

Ramparts Walk: unterwegs auf der Stadtmauer

Auf dem Ramparts Walk kann man das historische Zentrum Jerusalems in jeweils einer halben Stunde fast komplett auf den Altstadtmauern umrunden – entweder auf einer Süd- oder auf einer Nordroute, denn dazwischen besteht eine Lücke. So lässt sich die Stadt aus einer neuen Perspektive erleben. Eine **Broschüre** und zahlreiche **Erklärungstafeln** helfen bei der Orientierung.

Auf der **Südroute** entdeckt man u. a. eine osmanische Polizeistation, die auch heute noch von den israelischen Ordnungswächtern genutzt wird, und ein altes Wasserreservoir. Man genießt eine wundervolle Sicht auf den armenischen Friedhof und die Dormitio-Abtei 17. Die **Nordroute** bietet u. a. einen guten Blick auf den Tempelberg und den muslimischen Friedhof im Norden der Altstadt.

› www.pami.co.il/en/Tour Sites, Sa.–Do. 9–16 (im Sommer 8–17 Uhr), 20 ₪, erm. 10 ₪ (gültig für beide Routen)

3 Sankt-Jakobs-Kathedrale ★★ [B4]

Die **Jakobuskathedrale** ist der **Hauptsitz des armenischen Patriarchats** und wurde im 12. Jh. errichtet, die Vorhalle stammt aus dem 17. Jh. Der Überlieferung nach soll Herodes Agrippa I. den **Apostel Jakobus** hier hinrichten lassen haben, ehe man seinen Leichnam Maria überbrachte. Während sich der angebliche **Schädel** des Jakobus unterhalb des Hauptaltars befindet, wurden die restlichen Körperteile ins spanische Santiago de Compostela gebracht. Die dortige Kathedrale ist heute das Ziel von Millionen von Pilgern, markiert sie doch das Ende des Jakobswegs. Weiterhin ist die Jerusalemer Jakobuskathedrale Jakobus' Namensvetter, dem sog. Bruder Jesu, geweiht, der vermutlich der erste Bischof Jerusalems war.

Der dreischiffige Bau zählt zu den **schönsten Kirchen Jerusalems** und ist so prachtvoll mit Schmuck, Gemälden, Leuchtern und Lampen ausgestattet, dass es einem als Besucher schier die Sprache verschlägt.

› Armenian Patriarchate Street. Meist ist die Kirche leider nur für ein oder zwei Stunden täglich geöffnet, oft sehr früh am Morgen und noch einmal am Nachmittag.

▷ *Historisches Zeugnis mit bewegter Geschichte: die Hurva-Synagoge*

Jüdisches Viertel [C4]

Der Name „Jüdisches Viertel" geht auf das Ende der **Kreuzzüge** zurück, als sich Juden in diesem Quartier niederließen. Zuvor waren viele Juden ermordet oder aus der Stadt vertrieben worden. Große Teile des Viertels sind aber deutlich älter und reichen bis in die Antike zurück. Hierzu zählen die vielerorts sichtbaren, teilweise über sieben Meter breiten **Mauerreste**, die von **Hiskija**, dem König von Juda im 8. Jh. v. Chr., in Auftrag gegeben worden waren.

Nach der Besetzung durch Jordanien im Jahr 1948 wurde das Viertel im **Sechstagekrieg** leider zu großen Teilen in Trümmer gelegt. Aus diesem Grund stammen viele Gebäude aus den 1970er-Jahren, was das optische Gesamtbild des Quartiers aber nicht stört. Bei einem Gang durch den Stadtteil sollte man auf die **orangefarbenen Linien** auf dem Boden achten: Sie markieren jene Punkte, unter denen noch Teile der alten Stadtmauer von vor 2700 Jahren verlaufen.

4 Vier sephardische Synagogen ★ [C4]

Im Herzen des Jüdischen Viertels befindet sich ein von außen eher unscheinbarer Komplex, der aus vier miteinander verbundenen Synagogen besteht. Seine **Lage** unterhalb des eigentlichen Straßenniveaus geht auf eine osmanische Verordnung zurück, die es untersagte, Synagogen zu errichten, die höher waren als die Minarette der Moscheen.

Die ersten beiden jüdischen Gotteshäuser, die **Yochaman-ben-Zukai-** und die **Eliyaha-Ha-Navi-Synagoge**, wurden vermutlich bereits Ende des 16. bzw. Anfang des 17. Jh. angelegt, danach kamen die **Zentrumssynagoge** und die **Istanbul-Synagoge** hinzu. Letztere wurde von türkischen Juden gestiftet und stellt das größte wie schlichteste der vier Gotteshäuser dar, die später miteinander verbunden wurden. Während des Unabhängigkeitskriegs fand hier die jüdische Bevölkerung Zuflucht, später wurden die Synagogen von der jordanischen Armee verwüstet und zur Viehhaltung genutzt. Nach dem Sechstagekrieg wurden sie renoviert und bilden heute wieder das bedeutendste Zentrum für sephardische, also ursprünglich aus Spanien stammende Juden, die hier auch ihren Oberrabiner ins Amt einführen.

› Rehov Mishmerot HaKehuma, So.–Do. 9–17, Fr. 9–14 Uhr, Eintritt frei

5 Hurva-Synagoge ★★ [B4]

Um das Jahr 1700 zog eine Gruppe jüdischer Siedler nach Jerusalem und ließ sich in diesem **aschkenasischen Viertel** nieder, also einem Quartier mit aus Ost-, Nord- und Mitteleuropa stammenden Juden. Die Synagoge, die sie errichteten, wurde schon wenige Jahre später von Arabern zerstört,

016je-mb

017je-mb

da die Juden ihre Schulden nicht begleichen konnten. Erst über 100 Jahre später wurde das Gotteshaus von litauischen Juden wiederaufgebaut. In der Folge entwickelte sich die Synagoge rasch zum bedeutendsten jüdischen Zentrum Jerusalems. Im Unabhängigkeitskrieg wurde sie von jordanischen Truppen gesprengt und nach der Zerstörung des Jüdischen Viertels im Sechstagekrieg wiederaufgebaut, wobei Reste des Mauerwerks mit einbezogen wurden. Die Einweihung fand erst im Jahr 2000 statt. Heute können sich Besucher einen Eindruck von den Arbeiten verschaffen und den **Hauptsaal** bis zu einer Barriere betreten. Von der **Dachterrasse,** die über einen Aufzug und dann eine Metalltreppe zu erreichen ist, eröffnet sich zudem ein **erstklassiger Ausblick** über das Jüdische Viertel.

› So.–Do. 9–17, im Sommer bis 18 Uhr, Fr. 9–13 Uhr, Erw. 20 ₪, erm. 10 ₪

6 Cardo ★ [B4]

Das „Herz“ war in römisch-byzantinischer Zeit die bedeutendste **Einkaufs- und Handwerksstraße** der Stadt. Auch heute noch finden sich hier zahlreiche Händler, sodass man gewissermaßen auf einer der ältesten Shoppingmeilen der Welt wandelt. Der Cardo wurde, wie damals üblich, als breite Straße angelegt, die von zwei Säulenreihen eingefasst war. Er verläuft heute vom Jüdischen Viertel nordwärts bis zum christlichen Teil der Altstadt. Der nördliche Teil stammt aus dem 2./3. Jh., der südliche aus dem 6. Jh. Im öffentlichen, nicht von Händlern genutzten Mittelteil illustrieren **Wandmosaike** das frühere Treiben auf der Straße, hier befinden sich auch etliche gut erhaltene Säulen. Die **Geschäfte** sind in den **überdachten Bereichen** zu finden. Sie öffnen meist morgens gegen 9 Uhr.

7 Archäologischer Park und Davidson Center ★ [D4]

Zu Füßen des Tempelbergs befindet sich eine riesige archäologische Zone unter freiem Himmel, in der man aus nächster Nähe Fundstücke begutachten kann, deren Entstehungszeit von der ersten Tempelperiode bis ins Mittelalter reicht.

Der **Rundgang** durch das Areal beginnt im **Davidson Center**, das auf den Resten eines Umayyaden-Palastes errichtet wurde und über die **Geschichte des Tempelbergs** informiert. Hier ist auch das älteste bekannte Schriftstück aus Jerusalem zu sehen, ein kleiner beschriebener Stein aus dem 14. Jh. v. Chr.

Der Cardo bietet antike Architektur und tolle Shoppingmöglichkeiten

Verlässt man das Infozentrum, kann man ganz nah an die Westmauer herantreten, die das Areal an einer Seite abgrenzt. In dem ihr vorgelagerten Areal finden sich Reste des von den Römern zerstörten **zweiten Tempels**, darunter eine **Steinempore**, von der aus ein Trompeter damals zum Schabbat rief. Ebenfalls sichtbar sind die gut erhaltenen Mauern von Geschäften, die sich um den Tempel gruppierten, und ein großes **Ritualbad (Mikwe)**. In der Westmauer kann man ferner die Umrisse des **Robinson-Bogens** ausmachen, eine Stützkonstruktion, über die eine Treppe in den Tempel führte.

Der von **Zypressen** eingerahmte Bereich markiert den Standort eines weiteren **Palastes** aus der Umayyaden-Zeit (7./8. Jh.), für den Steine aus dem Tempel als Baumaterialien dienten. Von hier hat man eine **schöne Sicht** auf die Kuppel der Al-Aksa-Moschee ⓮. Vom Aussichtspunkt oben kann man noch gut die Reste zweier byzantinischer Häuser zu beiden Seiten des Palastes erkennen und so den Rundgang durch mehrere Jahrhunderte Jerusalemer Bautätigkeit beschließen.

› Ma'alot ha-Rav Shlomo Goren, www.rova-yehudi.org.il/information-the-davidson-center, So.–Do. 8–18, Fr. 8–14 Uhr, Erw. 29 ₪, erm. 15 ₪

❽ Klagemauer ★★★ [C3]

Die einstige Westmauer (Western Wall) des Herodianischen Tempels ist einer der heiligsten Orte des Judentums und zieht Jahr für Jahr Millionen von Gläubigen an. Einst thronte hier der Große Tempel mit der Bundeslade, der über jenem Felsen errichtet wurde, an dem Gott die Welt erschaffen haben soll und wo Abraham Gott seinen Sohn Isaak opfern wollte.

Ein erster Tempel, der auch **Salomonischer Tempel** genannt wird, wurde unter der Herrschaft des Sohnes von König David errichtet und sollte über 400 Jahre Bestand haben. Er wurde jedoch unter Nebukadnezar II. zerstört, als dessen babylonische Truppen die Stadt 587 v. Chr. eroberten. Dieses Ereignis läutete das babylonische Exil ein, bei dem große Teile der jüdischen Oberschicht gefangen genommen und nach Babylon gebracht wurden, wo sie jahrzehntelang von der Heimat entfernt lebten.

Der Salomonische Tempel war genau wie sein Nachfolgebau von gigantischem Ausmaß, eine Art Stadt in der Stadt, in dessen Mitte sich das Allerheiligste befand, das man als Sitz Gottes verehrte und das Normal-

Auf den Zetteln in den Ritzen der Klagemauer sind Wünsche notiert

sterblichen nicht zugänglich war. Hier befand sich die **Bundeslade** mit den Gesetzestafeln, auf denen Mose die von Gott diktierten Zehn Gebote aufgeschrieben haben soll. Der Tempel befand sich neben Salomos legendärem Palast, der teilweise aus purem Gold und Zedernholz bestanden haben soll.

Nach der Rückkehr der Oberschicht aus dem Exil wurde ein **neues Heiligtum** errichtet und schließlich unter **Herodes dem Großen** ab 21 v. Chr. erweitert und zu einer der prächtigsten Anlagen der Antike umgestaltet: den **Herodianischen Tempel**, der übrigens über 2½-mal so hoch war wie der Felsendom 15. Nachdem ein Aufstand der Juden gegen die römische Besatzung erbittert niedergeschlagen worden war, wurden die Stadt und der zweite Tempel unter dem Feldherrn Titus 70 n. Chr. dem Erdboden gleichgemacht. Lediglich die **westliche Mauer** des Herodianischen Tempels, die heutige Klagemauer, blieb erhalten. Damit setzte ein fast 2000 Jahre währendes Exil des jüdischen Volks ein, das erst mit der Gründung des Staates Israel endete – so zumindest sehen es viele religiöse Juden. Die Klagemauer rückt nicht nur den zweiten Tempel symbolisch ins Gedächtnis der Juden, sondern markiert auch jenen Punkt, der dem heiligen Felsen am nächsten ist, auf dem Abraham Isaak habe opfern wollen und der Juden heute durch den Felsendom versperrt ist. Die Bedeutung dieses Ortes kann daher kaum überschätzt werden: Nach wie vor ist die Westmauer, wie sie in Israel auch genannt wird, ein Ort nationalen Gedenkens, aber auch eine Stätte tiefer Religiosität. Man kann heute nur noch erahnen, welchen Eindruck der Herodianische Tempel damals erweckt haben muss – allein die Westmauer war vermutlich einst mehr als doppelt so hoch wie der erhaltene Teil.

Heute pilgern Juden aller Konfessionen an diesen Ort und beten. Viele notieren Wünsche und Gebete auf kleine **Zettel** und stecken diese in die **Mauerritzen.** Zweimal im Jahr werden diese Schriftstücke eingesammelt und auf dem Ölberg 23 beigesetzt.

Der große Platz vor der Klagemauer namens **Western Wall Plaza** war bis zum Sechstagekrieg noch komplett zugebaut und wurde erst nach der Rückeroberung der Altstadt durch israelische Truppen angelegt.

018je-mb

Religiöse Andacht kann sich auch in spontanen Freudentänzen äußern

Muslimen ist dieser Ort übrigens ebenfalls heilig, denn sie vermuten hier die Stelle, an der Mohammed sein mystisches Reittier mit Menschengesicht anband.

Am nördlichen Rand der Klagemauer steht die **Ohel-Yitzhak-Synagoge**, die exakte Kopie eines 1948 zerstörten Gotteshauses, das von vielen Gläubigen im Rahmen eines Besuchs der Klagemauer aufgesucht wird.

Besucher können die Klagemauer problemlos besichtigen, sollten sich aber **beim Fotografieren zurückhalten.** Es gibt **getrennte Bereiche für Männer und Frauen**, Männer erhalten eine Leih-Kippa am Eingang. Der **Zugang** zur Klagemauer erfolgt entweder über einen kleinen Tunnel an der Nordseite, den großen Parkplatz im Süden oder durch einen kleinen Checkpoint in den Gassen westlich der Plaza und ist nicht immer möglich.

Mein Tipp

Ab durch den Untergrund

In den **Western Wall Tunnels**, die unterhalb und entlang der Klagemauer 8 verlaufen, kann man im Rahmen einer rund **einstündigen englischsprachigen Tour** viel über die Geschichte der Tempel, den Konflikt um den Tempelberg und die Ausgrabungen im modernen Jerusalem erfahren. Unterwegs passiert man enge Gänge, Wasserreservoirs und sogar eine erst 2017 fertiggestellte moderne **unterirdische Synagoge.**

› **Treffpunkt:** im gläsernen Gebäude an der Klagemauer

› **Tickets:** ab 35 ₪, Zeiten und Buchung unter https://thekotel.org/en/tours/western-wall-tunnels. Die Tickets sind häufig mehrere Wochen im Voraus vergriffen, oft gibt es aber Restkontingente.

Muslimisches Viertel [C–D2]

Den **größten Bereich der Altstadt** nimmt heute das Muslimische Viertel ein. Einst lebten auch hier viele Juden, im Zuge des Massakers durch die Kreuzritter während des Ersten Kreuzzugs wurden sie jedoch ermordet oder vertrieben. Erst später siedelten sich vorwiegend Muslime an. Zeitweise lebten Angehörige beider Religionen friedlich nebeneinander, ehe es vor dem Zweiten Weltkrieg zu Unruhen kam. Heute ist die Anzahl jüdischer Bewohner im Quartier verschwindend gering, das Gros der rund 20.000 Einwohner ist muslimischen Glaubens.

Zu den **bedeutendsten Sehenswürdigkeiten** des Stadtteils zählen **christliche Stätten** wie die Via Dolorosa 12 (die sich im Christlichen Viertel fortsetzt), aber auch Bethanien 10 und das Österreichische Hospiz 11. Neben diesen „klassischen" Sehenswürdigkeiten sind es jedoch vor allem die **verwinkelten Gassen** mit ihren Marktständen und kleinen Imbissen, die den besonderen Zauber des Muslimischen Viertels ausmachen.

9 Damaskustor und Arabischer Suq ★★ [B1]

Jerusalems vielleicht schönstes und zugleich **größtes Stadttor** bildet heute den wichtigsten Zugang zum Christlichen und zum Muslimischen Viertel.

Schon früher befand sich an gleicher Stelle ein antikes Tor der Römer, ehe **Süleyman der Prächtige** das aufwendig mit Zinnen versehene heutige Exemplar errichten ließ. Wie der Name nahelegt, war es der Anfangspunkt einer wichtigen **Handelsstraße**, die einst bis ins heute syrische Damaskus führte.

020je-mb

Das Tor wirkt beinahe wie das einer **Ritterburg** – fast glaubt man hinter einer der Zinnen einen Bogenschützen zu sehen, der Eindringlinge ins Visier nimmt. Bei einem Blick nach oben erkennt man die 2010 rekonstruierten **Pechnasen.** Leider geriet das Damaskustor wiederholt negativ in die Schlagzeilen, mehrfach wurde es Ziel von Anschlägen und so zu einem Symbol für die Spaltung der Stadt.

Das Damaskustor markiert den Eingangsbereich zu einem traditionellen **Suq**, zu dessen östlicher Seite das Muslimische und zu dessen westlicher Seite das Christliche Viertel liegt. Schon früh am Morgen herrscht hier emsiges Treiben, wenn die Lieferanten unter lautem Rufen das Anrollen ihrer schweren Holzkarren ankündigen und die ersten Kunden ihren Einkauf erledigen. Der Suq ist deutlich urtümlicher und traditioneller als der Mahane-Yehuda-Markt (42), aber auch „orientalischer" – an lauten Rufen, offensiven Verkaufsversuchen und Feilschen sollte man hier keinen Anstoß nehmen. Neben Fleisch, Silberschmuck, Lederwaren, Matten, Öl und mehr ist heute auch die **Markthalle Suq al-Basar** ein fester Fixpunkt im Viertel. Hier, in einem ehemaligen Krankenhaus, wird hauptsächlich mit **Souvenirs** gehandelt.

Nördlich des Damaskustors, also außerhalb der Altstadt, schließt sich ein buntes **muslimisches Marktviertel** an, das von Touristen meist nicht stark besucht wird, aber über mehrere interessante Sehenswürdigkeiten verfügt (siehe auch Exkurs auf S. 46), darunter das berühmte Rockefeller Museum (31).

(10) Bethanien und Sankt-Anna-Kirche ★★ [D2]

Im **Bethanien-Tal** am östlichen Rand des Muslimischen Viertels entstanden zur Zeit Herodes des Großen zwei Becken, die **rituellen Bädern** dienten. Im südlichen von ihnen soll

Das imposante Damaskustor (9) markiert den Zugang zur Altstadt

gemäß dem Johannesevangelium Jesus einem Lahmen wieder das Gehen ermöglicht haben (Joh. 5, 1–9). Nach der Vertreibung der Juden war eines der Becken dem griechischen Gott Asklepios geweiht. Im 5. Jh. musste das Heiligtum einer Basilika weichen, von der Reste erhalten sind. Das Gebäude verfiel, es kann aber ebenso wie zahlreiche weitere **archäologische Überreste,** darunter eine Zisterne und Wohngebäude aus römischer Zeit, heute besichtigt werden.

Das gilt auch für die im 12. Jh. erbaute **Sankt-Anna-Kirche,** die Mitte des 19. Jh. dem französischen Staat übertragen wurde, zum Dank, weil dieser die Osmanen während des Krimkriegs im Kampf gegen das Russische Reich unterstützt hatte. Dank der Arbeit französischer Konservatoren ist die Sankt-Anna-Kirche heute das **besterhaltene romanische Gotteshaus der Stadt.** Die Kirche ist Marias Mutter Anna geweiht, deren Haus hier einst gestanden haben soll.

Gegenüber der Anlage befindet sich ein kleiner muslimischer **Friedhof,** der nicht sonderlich gepflegt wird, dafür aber beste Sicht auf den Ölberg ㉓ bietet.

› tägl. 8–12 und 14–17 Uhr, im Sommer eine Stunde länger, 10 ₪

⑪ Österreichisches Hospiz ★ [C2]

Ein Stück Wien mitten im Heiligen Land: Das 1863 eröffnete österreichisch-ungarische Pilgerdomizil war damals die **erste nationale Pilgerstätte in Jerusalem.** Bis heute scheint sich in dem wundervollen Komplex nichts verändert zu haben, sodass ein Besuch der Anlage einer kleinen Zeitreise gleicht.

Das Gebäude wurde im Stil eines Wiener Ringstraßenpalais errichtet und in den 1930er-Jahren aufgestockt. Während des Zweiten Weltkriegs diente es als Internierungslager für Priester und Nonnen aus dem Deutschen Reich und Italien sowie anschließend als britisches Lazarett, nach der Eroberung der Altstadt durch Jordanien wurde es in ein Krankenhaus für die palästinensische Bevölkerung umgewandelt. Hier verstarb 1951 der jordanische König **Abdallah ibn Husain I.,** nachdem ihn ein palästinensischer Attentäter in der Al-Aksa-Moschee ⑭ angeschossen hatte. Anschließend hatte man ihn hierhin gebracht, wo er seinen Verletzungen erlag. Nach der Rückeroberung der Altstadt durch Israel wurde die Anlage nach einigen Jahren dem Erzbistum Wien übereignet, das seitdem wieder Pilger willkommen heißt, die hier übernachten können (s. S. 123).

Die einzigartige **Kapelle** im Erdgeschoss birgt zahlreiche Reminiszenzen an die K.-u.-k.-Zeit. Hier befindet sich auch eine Reliquie Kaiser Karls, des letzten Herrschers des Habsburgerreichs. Auf der anderen Seite des Geschosses kann man im **Kaffeehaus** und seinem lauschigen **Garten** bei Gulasch, Schnitzel oder Sachertorte herrlich entspannen. Ein Stockwerk darüber befindet sich ein wundervoller **Festsaal,** der allerdings meist verschlossen ist. Hier liefern Schautafeln Informationen zur Habsburgerdynastie. Im zweiten Stock wird die Geschichte des Hauses erläutert und es werden kleine **Wechselausstellungen** gezeigt.

Über eine Treppe gelangt man zur bemerkenswerten **Schwester-Bernadette-Terrasse,** von der sich eine **fantastische Panoramasicht** auf die westliche Altstadt und den Felsendom ⑮ eröffnet.

› Via Dolorosa 37, www.austrianhospice.com, tägl. 10–18 Uhr, Turm 5 ₪ bzw. 1 €

021je-mb

Christliches Viertel [A–B3]

Das Christliche Viertel, das den nordwestlichen Teil der Altstadt umfasst, wird von seiner **herausragenden Sehenswürdigkeit** geprägt, der **Grabeskirche** (13). Sie bildet den Abschluss der im Muslimischen Viertel beginnenden **Via Dolorosa** (12), wo **Jesus** gekreuzigt und auferstanden sein soll. Eine Besichtigung sollte man daher auch nicht im Westen beginnen, sondern, ausgehend vom Muslimischen Viertel, am **Löwentor** [D2], an dem gemäß Überlieferung der erste christliche Märtyrer, der hl. Stephan, gesteinigt worden sein soll. Von den Muslimen wird das Tor als **Marientor** verehrt, denn hier soll die Jungfrau Maria geboren worden sein. Das Christliche Viertel entstand im 9. Jh., nachdem Karl der Große die Kopfsteuern für alle Christen in der Stadt bezahlt hatte – daraufhin erhielten die Christen von den Abbasiden-Herrschern die Erlaubnis, hier ein eigenes Wohnquartier anzulegen.

Gut bewacht: Auch im Christlichen Viertel wird Sicherheit großgeschrieben

(12) Via Dolorosa ★★★ [C2]

Der vierzehn Stationen umfassende, rund 600 m lange „Leidensweg“ ist für Katholiken die bedeutendste Pilgerroute der Welt. Die Via Dolorosa folgt jenem Weg, den Jesus in seinen letzten Stunden ging, ehe er gekreuzigt und begraben wurde und anschließend auferstand – zumindest in der Theorie, denn das Konzept der verschiedenen Stationen entstand erst später in Europa und wurde dann auf Jerusalem übertragen. Dabei wurde auch der Verlauf der Route immer wieder angepasst.

Die Via Dolorosa wurde maßgeblich von den **Franziskanern** geprägt. Die Gedenkorte, die heute die offiziellen Stationen markieren, sind römisch-katholisch oder gehören unierten Kirchen an. Egal, ob man diese Route nun für den **Kreuzweg Jesu** hält oder nicht, so lassen sich doch unterwegs viele interessante Entdeckungen machen. Dem Zauber dieser sakralen Orte, die meist von Heerscharen von Gläubigen umringt sind, kann man sich als Besucher nur schwer entziehen.

Der Weg startet typischerweise am **Löwentor** im Muslimischen Viertel, dem auf das 13. Jh. zurückgehenden östlichen Ausgang der Altstadt. Von hier geht es zunächst zur **Sankt-Anna-Kirche** (10).

Die **erste Station** der Via Dolorosa findet sich ein Stück weiter die Straße entlang. Hier soll einst die **Antoniusfestung** gestanden haben, in der Pontius Pilatus wirkte und Jesus zum Tode verurteilte. Da hier heute eine Schule untergebracht ist, kann dieser Ort nicht besichtigt werden. Direkt ge-

Auf dem Dach der Grabeskirche (13) befindet sich das äthiopische Kloster

genüber erhebt sich ein **Kloster der Franziskaner** mit zwei Kapellen (und dem kleinen Holy Land Museum, das derzeit ausgebaut wird). Die Kapelle rechts vom Eingang ist der Geißelung Jesu geweiht, unter anderem erkennbar an dem charakteristischen Dornenkranzmuster über dem Eingang. Dieses kleine Gotteshaus markiert zusammen mit der **Kapelle der Verurteilung** am anderen Ende des Hofes, wo Jesus das Kreuz auferlegt worden sein soll, die **zweite Station** des Kreuzweges.

Weiter der Straße folgend, gelangt man zum Überrest des sogenannten **Ecce-Homo-Bogens.** Mit den Worten *Ecce Homo* („Siehe da, der Mensch") präsentierte Pilatus den dornengekrönten Jesus der Bevölkerung. Allerdings wurde der Triumphbogen vermutlich erst unter Kaiser Hadrian (2. Jh. n. Chr.) errichtet.

Anschließend spaziert man den Hügel hinunter bis zum Minarett und **Österreichischen Hospiz** 11 und geht dort nach links. Nach etwa zehn Metern sind die Stationen drei und vier des Kreuzwegs erreicht. Bei **Station Nr. 3**, deutlich zu erkennen an dem **Steinrelief** über dem Eingang, soll Jesus das erste Mal gestürzt sein. **Station Nr. 4** markiert jenen Ort, wo Jesus seine Mutter getroffen haben soll. Um dorthin zu gelangen, geht man entweder über den Hof in die **armenische Kirche** aus dem 19. Jh. oder über die Kapelle von Station Nr. 3 in den Untergrund und durch den Shop, vorbei an den Resten eines türkischen Bades.

Im Anschluss verlässt man das Areal und wendet sich nach links. Bald ist die **fünfte Station** erreicht. Hier soll ein Mann namens Simon Jesus dabei geholfen haben, das Kreuz ein Stück weit zu tragen, woran eine **Franziskanerkapelle** erinnert. Von dort geht es über Stufen zwischen Souvenirshops hinauf zur **Station Nr. 6** etwa in der Mitte der Treppe. Hier, wo heute eine **griechisch-katholische Kirche** steht, soll die hl. Veronika Jesus das Gesicht abgewischt haben, woraufhin die Umrisse seines Antlitzes auf dem Tuch verblieben sein sollen. Das Schweißtuch der Veronika, heute in Rom zu finden, zählt zu den bedeutendsten katholischen Reliquien überhaupt.

Nun geht es weiter die Treppen hinauf über den antiken **Cardo** 6 leicht nach links zum nächsten Treppenaufgang. Zuvor aber sieht man rechts direkt gegenüber die **siebte Station**, wo Jesus ein zweites Mal gestürzt sein

022je-mb

soll, woran eine weitere **Franziskanerkapelle** erinnert. Über den Treppenaufgang erreicht man die **achte Station**, die nur an einem Loch in der Wand mit einem Kreuz zu erkennen ist. Hier soll Jesus zu den Frauen Jerusalems gesprochen haben.

Von dort muss man wieder zurück zum Cardo und der jahrhundertealten Marktstraße nach rechts folgen. Bei der nächsten Gelegenheit geht es die parallel zur Straße verlaufende Treppe rechts hinauf zum **koptischen Patriarchat**, der **neunten Station** der biblischen Reise. An jener Stelle soll Jesus das dritte Mal gestürzt sein. Rechts am Ende des Weges erinnert die koptische **Sankt-Helena-Kapelle** an diesen Umstand. Man sollte sie unbedingt betreten, denn an ihrem Ausgang beginnt ein kleiner, rutschiger Weg, der zwar nichts mit der Via Dolorosa zu tun hat, aber zu einer großen **Zisterne** führt, in der man sich urplötzlich wie in einer Tropfsteinhöhle fühlt.

023je-mb

Wieder am Tageslicht geht es geradeaus in den **Innenhof** des Sakralkomplexes. Dieser Bereich befindet sich bereits auf dem **Dach der Grabeskirche** 13. In den Nischen der Mauern wohnen einige äthiopische Geistliche. Am Ende rechts steht eine kleine **Kapelle**, in der König Salomo gedacht wird, den die Äthiopier als direkten Vorfahren ihrer alten Herrscherdynastie ansehen. Anschließend geht man wieder zurück über die Treppe zur Marktstraße. Dort wendet man sich nach rechts, an den nächsten beiden Kreuzungen hält man sich abermals rechts.

Rechter Hand steht die russisch-orthodoxe **Alexander-Newski-Kathedrale** aus dem 19. Jh. (Eintritt: 5 ₪), die nicht Teil der Via Dolorosa ist. Ein Besuch lohnt sich dennoch, u. a. wegen des Zarenzimmers, in dem der Romanow-Dynastie gedacht wird, vor allem aber wegen der Ergebnisse russisch-deutscher **Ausgrabungen**, die einen rund 2000 Jahre alten Torbogen und die Schwelle des Tors der Richter zutage förderten, über die Jesus die Stadt nach russisch-orthodoxer Lesart in Richtung Kalvarienberg verlassen haben soll. Direkt gegenüber des Gotteshauses steht die **deutsche lutherische Erlöserkirche** [B3] (Mo.–Sa. 10–17 Uhr). Noch immer treffen sich hier die deutschen Protestanten Jerusalems, auch den arabischen Lutheranern der Stadt dient sie als Gotteshaus. Weiter der Straße folgend, gelangt man schließlich zur Grabeskirche (Beschreibung der weiteren Stationen siehe dort).

< *Über diesen Zugang gelangt man zur Sankt-Helena-Kapelle, unter der sich eine Zisterne befindet*

⑬ Grabeskirche ★★★ [B3]

Die Grabeskirche (Church of the Holy Sepulchre), der heiligste Ort des Christentums, wurde 335 an jenem Ort auf dem Kalvarienberg geweiht, an dem sich die Kreuzigungsstätte und das Grab Jesu befunden haben sollen.

Der Bau wurde von **Kaiser Konstantin** (um 270–337 n. Chr.) in Auftrag gegeben. Im 2. Jh. befand sich hier ein heidnisches Heiligtum, ehe 395 eine byzantinische Kirche fertiggestellt wurde. Im Jahr 614 durch die Perser beschädigt, wurde jene Kirche 1009 im Auftrag des Kalifen al-Hakim zerstört, was einer der Gründe für den Ersten Kreuzzug war. Nach der Eroberung Jerusalems wurde die Kirche teilweise aus den Originalmaterialien wiedererrichtet.

Heute teilen sich **sechs Konfessionen** die Kirche: die griechisch-orthodoxe, die armenisch-apostolische, die syrisch-orthodoxe, die koptische, die äthiopisch-orthodoxe und die römisch-katholische Kirche.

Kopten und Äthiopier erhielten erst im 19. Jh. Zugang zum Heiligtum, die äthiopischen Geistlichen wohnen heute auf dem Dach der Kirche. Das Zusammenleben funktioniert nicht ohne Konflikte, sodass seit Jahrhunderten zwei muslimische Familien die **Schlüssel** zur Kirche in ihrem Besitz haben und diese jeden Tag auf- und abschließen. Ein komplizierter Kalender bestimmt, wer wann wo seine Messen und Prozessionen abhalten oder welche Bereiche säubern darf.

Neben dem zugemauerten Eingang an der Fassade befindet sich rechts die **Kapelle der Kleiderverteilung**, die **Station Nr. 10** der Via Dolorosa ⑫. Alle weiteren Stationen befinden sich im Innern des riesigen und auf den ersten Blick nicht gerade übersichtlichen Komplexes.

024je-mb

Die Grabeskirche gilt vielen Christen als heiligster Ort der Welt

Station Nr. 11 des Kreuzwegs markiert den **Ort, an dem Jesus ans Kreuz geschlagen** worden sein soll. Um hierhin zu gelangen, muss man direkt nach Passieren des Eingangs die Treppe rechts nach oben gehen. Bei dem Mosaik in der Kapelle handelt es sich um eines der wenigen gut erhaltenen Relikte aus der Zeit der Kreuzritter. Direkt daneben befindet sich **Station Nr. 12**, wo das **Kreuz** letztlich platziert worden sein soll und Jesus verstarb. Viele Gläubige bücken sich hier und berühren das **Loch im Boden**, in dem das Kreuz gestanden haben soll. Durch eine Scheibe kann man noch gut das **Felsmassiv der Schädelstätte (Golgota)** erkennen.

Grabeskirche

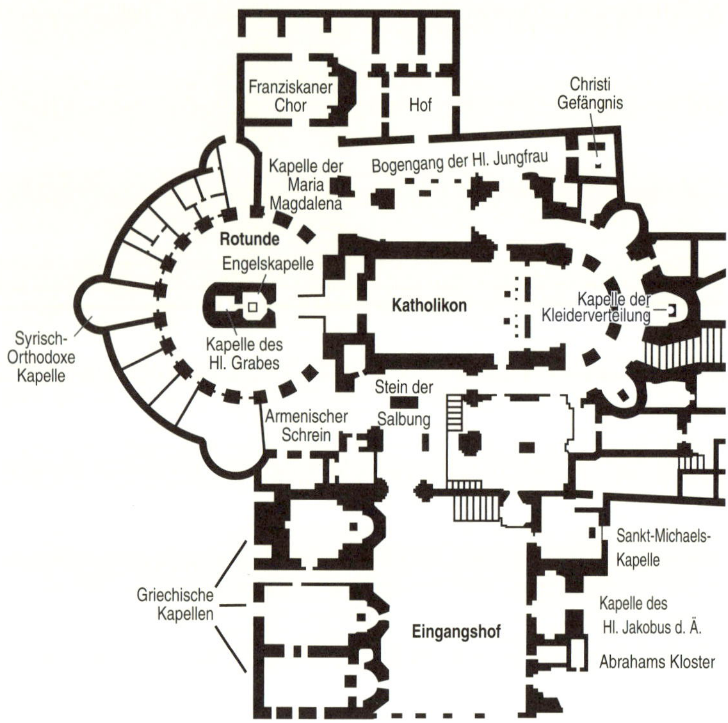

Geht man die schmale Treppe nach unten, kommt man zur **Station Nr. 13**, jenem Ort, wo **Jesus vom Kreuz genommen und gesalbt** worden sein soll. Die Stelle ist deutlich an der **Marmorplatte** mit den Öllampen darüber und den vielen Gläubigen, die die Platte küssen, zu erkennen.

Dem Neuen Testament zufolge wurde Jesus anschließend in dem **Josef von Arimathäa** zugedachten **Grab** beigesetzt, einem seiner Anhänger. Diese Stelle, der heiligste Ort der Welt für Katholiken und Orthodoxe, wird heute von der **Rotunde** eingenommen, die von dem Licht, das durch die Kuppel in die Kirche fällt, erleuchtet wird. Hier, an der **14. und letzten Station** der Via Dolorosa, bilden sich oft lange Schlangen. Auch wird der Bereich gelegentlich geräumt, wenn eine der hier ansässigen Konfessionen ihn säubern darf oder eine Messe feiert. Der erste Bereich der Rotunde kennzeichnet jenen Ort, an dem ein Engel Jesu Grab leer vorgefunden haben soll, das Innerste schließlich das Grab Jesu selbst und somit auch den **Ort seiner Auferstehung** von den Toten.

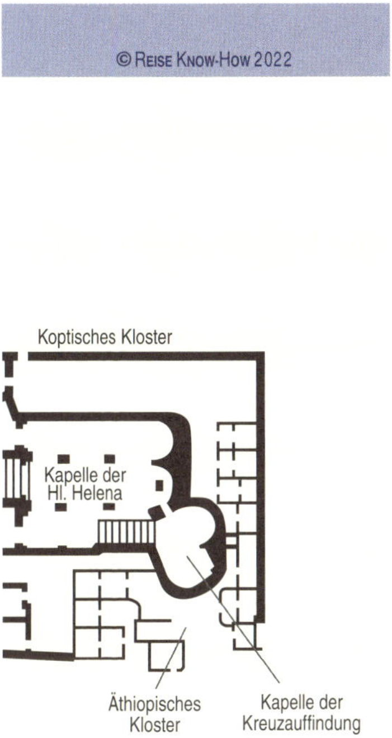

026je-mb

Tempelberg [D3]

Kaum ein anderer Ort in Jerusalem sorgt so sehr für **Kontroversen** wie der Tempelberg. Hier befand sich einst der Herodianische Tempel (s. S. 24), heute stehen hier **zwei der bedeutendsten Heiligtümer des Islam:** die Al-Aksa-Moschee ⓮ und der Felsendom ⓯.

Für viele fromme **Juden** ist es ein unhaltbarer Zustand, dass hier trotz der Schaffung des Staates Israel noch immer kein neuer jüdischer Tempel steht, zumal sich hier auch die Stelle befindet, an der Abraham Jahwe (Gott) seinen Sohn opfern wollte, ehe jener ihm Einhalt gebot. Seit der Antike bezeichnen die Juden den Tempelberg schlicht als „ha-hakom", „den Ort", was dessen zentrale Bedeutung für das Volk Israels unterstreicht. Auch den **Christen** ist der Tempelberg heilig, von dem Anhänger aller drei monotheistischen Weltreligionen annehmen, dass Gott ihn nie verlassen habe.

Sobald in Israel Unruhen ausbrechen, wird der Zugang zum Tempelberg eingeschränkt, was den Zorn

Um zum Heiligen Grab zu gelangen, muss man oft etwas anstehen

der muslimischen Bevölkerung nach sich zieht und in der Vergangenheit bereits zu Straßenschlachten und Anschlägen geführt hat. Religiösen Juden ist der Zugang zu der Anlage nicht gestattet. **Touristen** können das einzigartige Areal **problemlos besuchen,** wenngleich die einzelnen religiösen Stätten **Nichtmuslimen keinen Zutritt** gewähren, abgesehen vom frei zugänglichen Kettendom 16. Auch im **Islamischen Museum** haben Nichtmuslime keinen Zutritt.

Auf den Tempelberg gelangen Nichtmuslime heute entweder über einen kleinen **Aufgang unweit des Löwentors** [D2] im Nordosten oder über den hölzernen Steg an der Klagemauer 8, die sogenannte **Mughrabi-Brücke** [C3].

14 Al-Aksa-Moschee ★★★ [D3]

Die Al-Aksa-Moschee (auch Al-Aqsa-Moschee) wurde im frühen 8. Jh. errichtet. Der Name bedeutet so viel wie „weit entfernte Kultstätte" und bezieht sich darauf, dass dies der am weitesten entfernte Ort gewesen sein soll, zu dem der muslimische Prophet und Religionsstifter Mohammed vordrang. Nach den großen Moscheen von Mekka und Medina ist die Al-Aksa-Moschee das **drittwichtigste Gotteshaus der islamischen Welt.**

Rund 5000 Gläubige finden in dem Gebäude Platz, das nach der islamischen Eroberung von Jerusalem eine frühere Holzmoschee ersetzte. Nach dem Ersten Kreuzzug nutze man die Anlage zunächst als königlichen Palast, ehe man sie teilweise einer Glaubensgemeinschaft überantwortete, die hier den **Templerorden** gründete. Seit der Rückeroberung Jerusalems unter Saladin im Jahr 1187 wird die Al-Aksa-Moschee als islamisches Gotteshaus genutzt.

Im Gegensatz zum byzantinisch inspirierten Felsendom 15, der keine Moschee im eigentlichen Sinne ist, stellt die Al-Aksa-Moschee ein **Meisterwerk frühislamischer Baukunst** dar. Sie zeichnet sich durch wundervolle Rundbögen, silbergraue Kuppeln, vier Minarette und eine Fläche von 35.000 m² aus, wobei im Innenhof mehrere Hunderttausend Menschen Platz finden können.

Spaziert man von der Al-Aksa-Moschee zum Felsendom, passiert man eine monumentale **Treppe** und **Al-Mawazin** („die Waagschalen"), eine Säulenarkade mit vier Spitzbögen aus dem 7./8. Jh. Hier soll am Tag des Jüngsten Gerichts der Erzengel Gabriel erscheinen und die guten Taten der Menschen gegen die schlechten aufwiegen, woraufhin sich deren Schicksal entscheidet. **Nichtmuslimen** ist der **Zutritt** zur Moschee derzeit **nicht gestattet.**

15 Felsendom ★★★ [D3]

Der Felsendom wurde um das Jahr 690, also wenige Jahrzehnte vor der Al-Aksa-Moschee 14 gebaut und ist damit das **älteste monumentale Gotteshaus des Islam.** Hier habe Abraham seinen Sohn Isaak opfern wollen, ehe ihm Gott Einhalt gebot. Außerdem soll Mohammed von hier aus mit dem Erzengel in den Himmel aufgefahren sein, so die gängige sunnitische Auffassung. Nach der Eroberung durch die Kreuzritter wurde an dieser Stelle eine **Kirche** eingerichtet, nach der Rückeroberung unter Saladin wurde der Bau wieder seinem ursprünglichen Zweck als islamische Kultstätte zugeführt.

Heute ist die vollständig **vergoldete Blechkuppel** des Felsendoms eines der **Wahrzeichen** der Stadt und ein beliebtes Fotomotiv. Sie thront auf dem achteckigen Gebäude, das man aufgrund seiner exponierten Lage von vielen Punkten der Stadt gut erkennen kann. Die prächtige **Fassade** besteht bis zu einer Höhe von drei Metern aus relativ einfach gestalteten Granodiorit-Elementen, darüber finden sich bunte Marmorelemente, persische Kacheln mit Arabesken und filigrane Kaligrafien aus dem 19. Jh.

Das **Innere** ist von zwei Rundbogenreihen geprägt, die teilweise aus christlichen Kirchen stammen. In der Mitte befindet sich der berühmte **Fels**, von dem Mohammed in den Himmel aufgefahren sein soll. Unter dem Felsen liegt eine Grotte, nach muslimischer Überzeugung sollen sich hier am Tag des Jüngsten Gerichts die Seelen aller Menschen versammeln. Der Felsen selbst wird auch im Judentum verehrt und stellt einen der großen Streitpunkte zwischen Juden und Muslimen dar. **Nichtmuslimen** ist der **Zutritt** zum Felsendom derzeit **nicht gestattet.**

16 Kettendom ★ [D3]

Im Schatten des Felsendoms 15 steht der kleine Kettendom. Wann genau er errichtet wurde, lässt sich nicht mehr ermitteln, erstmals erwähnt wurde er im 9. Jh. Experten gehen davon aus, dass er als eine Art Blaupause für seinen großen Nachbarn gedient haben könnte, weisen doch die Kuppel und der Grundriss starke Ähnlichkeit zum Felsendom auf. Seinen **Namen** verdankt er dem Umstand, dass der biblische König David hier nach muslimischer Überlieferung Ketten aufhängen ließ, ein Symbol für Rechtschaffenheit und Rechtstreue. Die unvergoldete Kuppel gleicht derjenigen der Al-Aksa-Moschee 14, die feinen Kachelarbeiten erinnern stark an den Felsendom. Einzigartig ist die offene **Säulenarchitektur**, die den Kettendom **komplett begehbar** macht.

Die Al-Aksa-Moschee zählt zu den drei bedeutendsten Gotteshäusern des Islam

Rund um die Altstadt

Berg Zion [B5]

Der über 700 Meter hohe Berg erhebt sich **jenseits des Zionstors** [B5] und damit außerhalb der eigentlichen Altstadt. Der **Name** „Zion" steht sinnbildlich für das gesamte Land (zum Thema Zionismus s. S. 60). Es handelt sich jedoch keineswegs um die legendäre Stadt Davids. Dieser Berg wurde fälschlicherweise für das ursprüngliche Zion gehalten und der Name hat sich bis in die Gegenwart erhalten. Heute sind hier vor allem **bedeutende christliche Stätten** zu finden, etwa die Dormitio-Abtei (17), der katholische Friedhof mit dem Grab Oskar Schindlers (s. S. 38) sowie das Essener-Tor und das Davidsgrab (18).

Der Zionsberg ist Muslimen, Christen und Juden heilig, was in einer Stadt wie Jerusalem selten unproblematisch vonstattengehen kann. An diesem Ort soll nicht nur das letzte Abendmahl stattgefunden haben, auch erschien Jesus hier seinen Jüngern, die den heiligen Geist empfingen, was den Ursprung des Pfingstfestes markiert. Maria, die Muttergottes, soll auf dem Berg Zion gestorben sein.

027je-mb

(17) Dormitio-Abtei ★ [B5]

Von Weitem könnte man diese eklektizistische **Benediktinerabtei** mit der **Basilika des Schlafes** auch für eine Festung halten, deren ungewöhnlicher Name darauf zurückzuführen ist, dass hier die Jungfrau Maria entschlafen, also gestorben sein soll. Heute wird die deutschsprachige Abtei von der benediktinischen Kongregation von der Verkündigung der seligen Jungfrau Maria verwaltet. Früher war die Kirche der Abtei unter dem Namen **Hagia Sion** bekannt, mittlerweile trägt sie wieder ihren alten Namen. Der Bau wurde vom Kölner Baumeister **Heinrich Renard** auf Geheiß **Kaiser Wilhelms II.** im ersten Jahrzehnt des 20. Jh. errichtet. Es entstand ein Bauwerk, das außen an die Kathedrale von Worms und innen an die Karlskirche zu Aachen erinnern soll. Mönche aus dem schwäbischen Beuron, unweit der Stammburg der Hohenzollern in Sigmaringen, siedelten sich hier an.

Die Kirche gliedert sich in eine **Oberkirche** und eine Krypta. Das Gotteshaus zeichnet sich durch seine herrlichen **Mosaikarbeiten** aus, unter denen besonders das Mosaik in der Apsis und das Bodenmosaik herausstechen, das den dreieinigen Gott, die Propheten, Apostel und Tierkreis-

◁ Deutsches Erbe im Heiligen Land: die von Kaiser Wilhelm II. initiierte Dormitio-Abtei

zeichen symbolisiert. Interessant sind ferner die schön gestalteten Seitenaltäre mit der Patrona Bavariae (Muttergottes als Patronin Bayerns) und dem Köln-Altar, der an den Dreikönigsschrein im Kölner Dom erinnert.

Die **Krypta**, über Treppen aus der Hauptkirche erreichbar, zeigt mehrere **Mariendarstellungen.** Im Zentrum befindet sich eine figürliche Darstellung Mariens, über der in der Kuppel Christus zu sehen ist, der seine Mutter mit offenen Armen in den Himmel aufnimmt. Die Marienfiguren stammen aus aller Welt, darunter eine Kopie der Muttergottes von Tschenstochau sowie Darstellungen aus Österreich und von der Elfenbeinküste.

Interessanterweise wurde der hohe **Glockenturm** extra so gebaut, dass sein Schatten nicht auf das Davidsgrab 18 fallen kann.

› Derzeit ist die Abtei **aufgrund größerer Baumaßnahmen geschlossen.** Wann sie wieder für Besucher geöffnet sein wird, steht noch nicht fest.

18 Davidsgrab ★ [B5]

Der legendäre jüdische **König David**, der 1000 v. Chr. die Stadt einnahm und zuvor den Philisterkrieger Goliath bezwang, ist laut jüdischer Auffassung hier aufgebahrt. Es ist unwahrscheinlich, dass dies der historischen Wahrheit entspricht, dass er also nicht am gleichen Ort wie die anderen Könige Judas begraben wurde. Ebenso nebulös wie die Lage des Grabs sind auch die Umstände der Entstehung der Grabstätte. Der **Sarkophag** stammt aber mit Sicherheit aus dem Mittelalter. Später wurde der Ort zu einer Moschee umgestaltet, denn David wird auch von den Muslimen verehrt. Historisch ist das Davidsgrab auch deshalb von Bedeutung, da es als wichtige Betstätte diente, als den Juden bis zum Sechstagekrieg der Zugang zur Klagemauer 8 verwehrt war.

Vom **Dach** der Anlage, die einen **reizvollen Blick** auf den Tempelberg gewährt, betete vor dem Sechstagekrieg unter anderem der israelische Präsident, der hier auch Gäste empfing. Der Komplex umfasst zudem einige religiöse Schulen. Beim Betreten des kleinen Raums mit dem Grab ist **Zurückhaltung** geboten, es darf aber fotografiert werden.

› So.-Do. ab dem Vormittag bis 21, Fr. bis 20 Uhr, getrennte Bereiche für Männer und Frauen, Männer erhalten am Eingang ein Kippa, Eintritt frei

19 Abendmahlssaal ★ [B5]

Oberhalb des Davidsgrabs 18 befindet sich jener Saal, in dem Jesus und seine Jünger am Abend vor Jesu Tod **das letzte Abendmahl** abgehalten haben sollen.

Nachdem es mehrere Vorgängerbauten gegeben hatte, wurde der Bau nach Abzug der Kreuzritter zu einer Moschee umgestaltet. Daher findet man in dem **schlichten Saal** heute auch eine Minbar (muslimische Kanzel). Sowohl **Christen** als auch **Muslimen** gilt der Abendmahlssaal als **heiliger Ort.** Allen Religionsgemeinschaften sind Gebete nur zu bestimmten Terminen gestattet. Das bekam auch **Papst Franziskus** zu spüren, der hier 2014 eine Messe feiern wollte und den öffentlichen Druck ultraorthodoxer Juden zu spüren bekam. Letztere warfen dem Staat Israel vor, der die Anlage mittlerweile verwaltet, Christen hier regelmäßige Gottesdienste veranstalten zu lassen und so das Davidsgrab zu entweihen. Auch aus diesem Grund finden sich hier keine christlichen Symbole.

› tägl. 8-18 Uhr, Eintritt frei

20 Sankt Peter in Gallicantu ★ [C5]

Am Hang des Zionsbergs steht ein in mehrerer Hinsicht bemerkenswertes Gotteshaus. Hier soll **Jesus** auf den Hohepriester Caiaphas getroffen sein, von Sanhedrin (dem Hohen Rat) zum Tode verurteilt und dreimal von Petrus verleugnet worden sein, ehe der Hahn krähte – daher auch der Name der Kirche, **Sankt Peter zum Hahnenschrei.**

Schon die Byzantiner verehrten diesen Ort und errichteten hier im 6. Jh. eine Kirche, die im Laufe der Jahrhunderte in Vergessenheit geriet. Im 19. Jh. fanden umfangreiche **Ausgrabungsarbeiten** statt, bei denen nicht nur die Reste dieses Gotteshauses zutage gefördert wurden, sondern auch ein alter **Mühlenkomplex** aus biblischer Zeit. Dieser beinhaltete auch die Reste einer Mikwe (jüdisches Ritualbad), eines Silos und einer Treppe, über die Jesus nach Ansicht einiger Experten ins Kidrontal 22 herabgeschritten und dann zum Ölberg 23 gelangt sein könnte. Ebenfalls entdeckt wurde ein hervorragend erhaltenes Mosaik, welches das Grab des Stephanus ziert und unter anderem eine Urne zeigt, die von Löwen bewacht wird, während die Seele in Form einer Taube gen Himmel steigt.

Der heute von einem katholischen Männerorden verwaltete Komplex umfasst natürlich auch eine **Kirche,** die in den 1930er-Jahren errichtet wurde und deren Gestaltung sich durch Anklänge an den Jugendstil auszeichnet. Eigentlich handelt es sich sogar um zwei Kirchen, denn unterhalb der Hauptkirche ist ein weiteres Gotteshaus zu finden, um das **byzantinische Mosaike** aus dem 5. und 8. Jh. angeordnet sind. Steigt man noch weiter in die Tiefe, gelangt man in einen **antiken Tunnelkomplex,** der auch heute noch für Andachten genutzt wird. Der Überlieferung nach befanden sich hier einst Gefängniszellen, in denen die Jünger Johannes und Petrus eingesessen haben sollen, nachdem sie sich öffentlich zu Jesus bekannt hatten. Manche glauben gar, dass Jesus selbst hier gefangen gehalten worden sei, da oberhalb des Komplexes das Haus des Hohepriesters stand.

Westlich der Kirche, gleich neben einer Ausgrabungsstätte, erstreckt sich ein kleiner katholischer **Friedhof,** der in wenigen Minuten zu Fuß erreichbar ist. Hier wurde **Oskar Schindler** beigesetzt. Der vielleicht bekannteste „Gerechte unter den Völkern" (s. Yad Vashem 45), spätestens seit Steven Spielbergs Meisterwerk „Schindlers Liste" weltbekannt, rettete mehr als 1200 Juden das Leben. Er starb 1974 in Hildesheim und wurde seinem Wunsch gemäß in Jerusalem beigesetzt.

› **St. Peter in Gallicantu,** Ma'aleh Hashalom, Mo.–Sa. 8.30–17 Uhr, Erw. 10 ₪, erm. 5 ₪

★1 [fn] **Oskar Schindlers Grab,** Mo.–Sa. 9–17 Uhr

21 Davidstadt und Tunnelanlage ★★ [D4]

Im Rahmen eines rund zweistündigen Rundgangs kann man nicht nur die Reste der antiken Davidstadt aus der ersten Tempelperiode bewundern, sondern auch auf den Spuren davidscher Eroberer und König Salomons im Untergrund des antiken Jerusalem wandeln.

König David ließ die Stadt vermutlich deshalb vor rund 3000 Jahren hier anlegen, weil sie in einem Tal lag und somit geschützt war. Außerdem verfügte sie mit der **Gihon-Quelle** über genügend Wasser, um die Bevölkerung zu versorgen.

Die Ausstellung und die Ausgrabungen, die hier immer noch stattfinden, sind allerdings zugleich ein echtes **Politikum**, denn diese dienen jüdischen Siedlern im benachbarten Silwan als Vorwand für den Bau neuer Häuser in einem von Palästina beanspruchten Gebiet.

Wir folgen der **gelben Route**, weil diese ohne knietiefes Waten im nassen Tunnelbereich absolviert werden kann. Die Tour führt zunächst an einigen steinernen Zeitzeugen vorbei, die manche Forscher für die Reste von **Davids Palast** halten. Weiter geht es zu Überbleibseln von Wohnhäusern, die zusammen mit dem ersten Tempel von den Babyloniern zerstört wurden. Hier sind zudem Teile der antiken Stadtbefestigung erhalten. Blickt man auf das arabische Viertel **Silwan**, das jenseits des Kidrontals 22 liegt und einst von jemenitischen Juden bewohnt war, erkennt man noch die Eingänge zu mehreren Grabkammern, die reichen Juden als letzte Ruhestätte gedient haben.

Nun geht es über einen Schacht in den **Untergrund**. Laut Meinung vieler Forscher handelt es sich bei den dunklen Gängen um die **antike Wasserversorgungsanlage der Jebusiter**, über die Davids Truppen in die Stadt gelangen und diese erobern konnten. Die Anlage markiert das unbestrittene Highlight der Tour, die auch an dem Ort vorbeiführt, an dem König Salomon gekrönt worden sein soll. Hier, am sogenannten **Kanaaniter-Becken**, sammelte sich das Wasser der Gihon-Quelle, der wichtigsten Wasserversorgung des alten Jerusalem. Der gelben Route folgend, gelangt man durch einen engen Gang wieder ans Tageslicht, wo weitere

028je-mb

Reste der antiken Stadtbefestigung ins Auge fallen. Immer dem Weg folgend, passiert man ein kleines Wohnviertel und gelangt so zum **Shiloah-Becken.** Dieses diente vor der Zerstörung der Stadt durch die Römer im 1. Jh. n. Chr. als Ritualbad, bevor die Gläubigen der Pilgerroute zum Tempel folgten. Außerdem soll Jesus hier einem Blinden das Augenlicht geschenkt haben.

Über die **grüne Route**, die sog. Pilgerroute, gelangt man durch einen langen, dunklen und stellenweise schmalen Gang wieder zum Eingang der Davidstadt. Alternativ nimmt man für 5 ₪ den Shuttlebus oder folgt der schnellen **roten Route** zurück.

Ab in den Untergrund: In der Davidstadt lernt man Jerusalem aus einer ganz neuen Perspektive kennen

Neben der individuellen Besichtigung sind auch **geführte Touren** buchbar, die entweder mit einem Besuch des Davidson Centers 7 verbunden sind oder sich über 3 Std. hinweg intensiv mit den Tunnelanlagen befassen.

› **Anfahrt:** Bus 1, 3, 3a, 51, 83a, 276
› Derech HaOfel, www.cityofdavid.org.il/de, So.–Do. 8–17, Fr. 8–14 Uhr, im Sommer jeweils zwei Stunden länger geöffnet, Erw. 65 ₪, erm. 10 ₪

22 Kidrontal ★ [D1]

Östlich des Tempelbergs erstreckt sich ein Tal, das von hier bis zum Toten Meer verläuft und dessen Abschnitt zwischen Altstadt und Ölberg 23 einige Grabmäler beherbergt.

Eines der schönsten Objekte ist das 20 Meter hohe **Grabmal des Abschalom** aus dem 1. Jh., das wegen seiner charakteristischen Form schon als „Mütze des Pharao" oder „Kochtopf" bezeichnet wurde. Lange nahm man an, dass Abschalom, Sohn König Davids, dieses Grab für sich errichten ließ, was durch die Forschung aber widerlegt wurde – vielmehr gehörte das Grabmal einer einflussreichen jüdischen Familie.

Die benachbarte **Höhle von Yehoshafat (auch Joschafat)** diente zur Zeit des zweiten Tempels als Bestattungsraum und ist hellenistisch geprägt. Die Bezeichnung bezieht sich darauf, dass das Kidrontal in biblischer Zeit den Namen Joschafat trug. Heute ist die Anlage leider verschlossen und stark vermüllt.

Ein Stück weiter Richtung Süden steht das **Grab des Bnei Heir**, das als einziges der vier Grabmäler betreten werden kann. Die Grabanlage geht auf das 2. Jh. v. Chr. zurück und ist damit die älteste im Tal. Sie diente einer Priesterfamilie als letzte Ruhestätte.

Direkt daneben befindet sich das **Grab des Zacharias**, unschwer zu erkennen an der Pyramide auf seinem Dach. Eigentlich handelt es sich hierbei nicht um ein Grab im eigentlichen Sinne, sondern eher um ein Erinnerungsmonument. Laut jüdischer Überlieferung ist hier der Priester Zacharias beigesetzt, der auch in der Bibel Erwähnung findet.

› Bus, 51, 83a, rund um die Uhr kostenlos zugänglich

029je-mb

23 Ölberg ★★★ [E2]

Jenseits des Kidrontals 22 ragt der 826 m hohe Ölberg auf, wegen der hier einst zahlreichen Olivenbäume auch als Olivenberg (Mount of Olives) bekannt. Er ist nicht nur ein einzigartiger Aussichtspunkt, sondern besitzt mit seiner Vielzahl von Sakralbauten eine große religiöse Bedeutung.

Juden glauben daran, dass der Messias eines Tages von hier aus nach Jerusalem kommen wird, um das Ende der Tage einzuläuten, was auch den jüdischen Friedhof zu Füßen des Berges erklärt.

Diesen Messias halten **Christen** wiederum für Jesus, der, wie in der Bibel beschrieben, von hier aus nach Jerusalem gelangte und so in ihren Augen die alttestamentarische Prophezeiung erfüllte. Vom Ölberg aus soll er außerdem in den Himmel aufgefahren sein.

Auch **Muslime** lassen sich im Kidrontal zu Füßen des Ölbergs begraben, da sie hier ebenfalls den zukünftigen Ort des Jüngsten Gerichts vermuten. In dieser Gegend ein muslimisches oder jüdisches Grab zu bekommen, kostet einiges, dafür ist man dann am Ende aller Tage in der ersten Reihe, wenn die Himmelfahrt ansteht – spirituelles Priority Boarding gewissermaßen. Leider wurden etliche Gräber während des Unabhängigkeitskriegs von jordanischen Truppen und der lokalen arabischen Bevölkerung zerstört. Heute werden sie teilweise wiederaufgebaut.

› **Anfahrt:** Bus, 51, 83a, 255a, 275

Priority Boarding ins Jenseits: Die Gräber am Ölberg zählen zu den teuersten und exklusivsten in ganz Jerusalem

24 Mariengrab und Garten Gethsemane ★ [E2]

Das **Mariengrab** soll die sterblichen Überreste der Muttergottes beherbergt haben, ehe sie ihre Himmelfahrt antrat. Schon die Byzantiner errichteten hier eine kleine Kirche über der Krypta. Der heutige Bau, der von mehreren orthodoxen Konfessionen genutzt wird, geht auf die Zeit der Kreuzfahrer zurück. Die katholische Kirche vermutet das Mariengrab mittlerweile im türkischen Ephesus. Über steinerne Stufen geht es hinab ins dunkle Innere, wo häufig Messen stattfinden – ein mystischer Ort mit einer ganz besonderen Stimmung.

Neben dem Mariengrab befindet sich die kleine **Gethsemane-Grotte**, die vom Franziskanerorden verwaltet wird. Hier soll sich **Jesus** oft mit seinen Jüngern getroffen haben, ehe er von Judas Iskariot verraten und anschließend hier verhaftet worden sein soll. Bei Ausgrabungen wurden byzantinische Mosaike und Gräber zutage gefördert, die teilweise in einer alten Zisterne aus vorchristlicher Zeit angelegt worden sind. Die schlichte Grotte birgt ferner einige sehenswerte Deckenmalereien aus der Kreuzfahrerzeit. Oberhalb der Grotte befindet sich der eigentliche **Garten**, heute eine hübsche Grünanlage. Drei Evangelien zufolge soll Jesus hier in der Nacht vor seiner Kreuzigung gebetet haben, ehe man ihn gefangen nahm und verurteilte. Hier befindet sich der Eingang zur Kirche aller Nationen 25.

25 Kirche aller Nationen ★★ [E2]

Das wichtigste Bauwerk in dem idyllischen Areal rund um den Garten Gethsemane 24 ist die katholische Kirche aller Nationen, die auch **Todesangstbasilika** genannt wird. Sie stammt aus den 1920er-Jahren, an

030je-mb

ihrer Finanzierung hatten sich Katholiken mehrerer Länder beteiligt. Der zwölfkupplige, von Antonio Barluzzi entworfene Bau – eine Reminiszenz an die zwölf Apostel – wird von Gläubigen wie Touristen stark frequentiert. Neben dem prächtig bemalten Giebel beeindrucken vor allem die farbintensiven **Himmelszeltmalereien** in den einzelnen, orientalisch inspirierten Kuppeln, die jeweils auch die Wappen der finanzierenden Staaten zieren, darunter der Reichsadler. Vor diesem befindet sich der von einer charakteristischen Dornenkrone eingefasste **Felsen**, auf dem Jesus am Abend vor seiner Auslieferung gebetet haben soll. In der Apsis darüber ist er als gebrochener Mann dargestellt, während ein Engel über ihm wacht.

› Derech Jericho, tägl. 8–12 und 14–18 Uhr (Okt.–März eine Stunde kürzer)

26 Maria-Magdalena-Kirche ★★ [E2]

Dieses ausgesprochen fotogene **orthodoxe Gotteshaus** mit seinen sieben goldenen **Zwiebeltürmen** entstand Ende des 19. Jh. auf dem Ölberg 23 und könnte in dieser Form auch in Sankt Petersburg oder Moskau stehen. Entworfen wurde die Kirche im neobyzantinischen Stil von dem bekannten deutsch-russischen Architekten Dawid Grimm. Sie erinnert daran, dass Maria Magdalena, eine enge Gefährtin Christi, ihn hier als erste Person in den Himmel soll haben auffahren sehen.

Die Kirche birgt das **Grab von Elisabeth von Hessen-Darmstadt**, der russischen Großfürstin Jelisaweta Fjodorowna, einer Enkelin der britischen Königin Victoria und Schwester der letzten Zarin. Sie wurde, ebenso wie der Zar, von den Bolschewisten ermordet und wird von der orthodoxen Kirche als Heilige verehrt. Ihr Mann fand seine letzte Ruhestätte übrigens in Moskau, sodass beide heute weit entfernt voneinander ruhen. Auch die Gefährtin Elisabeths, die ebenfalls als Märtyrerin verehrte Ordensschwester **Barbara Jakowlewa**, ist in dieser Jerusalemer Kirche aufgebahrt.

Rund um das Gotteshaus mit seinem idyllischen **Garten** leben einige Nonnen. Die Anlage ist für nicht orthodoxe Gäste nur zu ausgesuchten Zeiten geöffnet.

› Rehov El-Mansuriya, Di. und Do. 10–12 Uhr sowie freitagabends

27 Dominus-Flevit-Kirche ★ [hl]

Auch die römisch-katholische Kirche unterhält auf dem Ölberg 23 ein Gotteshaus. Es wird vom **Franziskanerorden** verwaltet und entstand erst in den 1950er-Jahren auf den Resten einer byzantinischen Kirche. Dem

Neuen Testament zufolge soll **Jesus** im Angesicht des sicheren Todes in Tränen ausgebrochen sein – hierauf nimmt der Name des Gotteshauses „Dominus flevit" („Der Herr hat geweint") Bezug. Die kleine Kirche mit dem hübschen **Garten** ist in architektonischer Hinsicht eine Besonderheit, denn ihr Altar weist unmittelbar auf den Tempelberg. Durch ein Fenster kann man direkt auf die Altstadt blicken. Neben der Kirche sind Reste eines byzantinischen Mosaiks erhalten, das im Zusammenhang mit der ersten Kirche entstand.

› tägl. 8–17 Uhr

(28) Prophetengräber ★ [hl]

Unweit der Dominus-Flevit-Kirche (27) befindet sich eine Katakombenanlage aus dem 1. Jh. n. Chr., in der sich laut jüdischer Überlieferung die Gräber der **Propheten Haggai, Sacharja und Maleachi** befinden sollen, die jedoch bereits im 5. Jh. v. Chr. wirkten. Der heute von der orthodoxen Kirche verwaltete Ort diente später Christen als Grabstätte. Bei einem Gang durch die dunklen, kühlen Kammern blickt man in die kleinen **Grabnischen** (Handytaschenlampe erforderlich) – so erhält man nicht nur einen Einblick in frühchristliche Bestattungsformen, sondern kann zugleich eine willkommene Verschnaufpause beim schweißtreibenden Weg auf den Ölberg (23) einlegen.

› unregelmäßig geöffnet, Spende erbeten

(29) Himmelfahrtskapelle ★ [il]

Gemäß dem Neuen Testament soll **Jesus** an diesem Ort in den Himmel aufgefahren sein. Das Lukasevangelium spricht zwar davon, dass Jesus seine Himmelfahrt von Bethanien (10) aus angetreten haben soll, dies lässt aber weder Muslime noch Christen an der Heiligkeit dieses Ortes zweifeln.

Schon im 4. Jh. wurde an dieser Stelle eine Kirche errichtet. Der heutige, relativ unspektakuläre Bau stammt aus dem 12. Jh. und wurde von den Kreuzrittern initiiert. Unter der Herrschaft Saladins wurde der Kapelle ein Tambour (eine Art Zylinder unterhalb der Kuppel) aufgesetzt und das Gotteshaus wurde in eine **Moschee** umgewandelt. Später erbaute man nebenan eine weitere Moschee. Heute dient die Kapelle wieder Christen zum Gebet. In der Mitte des kleines Baus ist ein kleiner Bereich eingefasst, in dem sich der **Fußabdruck Jesu** befinden soll. Die verschiedenen **Altäre im Innenhof** dienen unterschiedlichen Konfessionen für deren Messen.

› Rehov Rub'a el-Adawiya, tägl. 8–17 Uhr, 5 ₪

031je-mb

[<] Prachtvolle Malerei schmückt die Kuppel der Kirche aller Nationen (25)

[>] Äußerlich unspektakulär, aber mit interessantem Innenleben: die Himmelfahrtskapelle

30 Skopusberg ★★ [hj]

Der 826 Meter hohe Skopusberg erhebt sich nördlich des Ölbergs 23. Sein griechisch-lateinischer Name *skopus* bedeutet so viel wie „Wache“ oder „Aussicht“. Und tatsächlich gibt es wohl keinen Punkt in Jerusalem, an dem sich ein so einmaliges und **unverstelltes Panorama auf Alt- und Neustadt** eröffnet wie hier.

Der im Unabhängigkeitskrieg umkämpfte Skopusberg sollte eigentlich eine von der UN überwachte neutrale Zone bilden, teilte sich aber faktisch in einen jordanischen und einen israelischen Teil. Der Botanische Garten beispielsweise wurde vermint und lag mitten im Konfliktgebiet. Erst im Sechstagekrieg erlangte Israel die vollständige Kontrolle über das Areal. Unter historischen wie auch touristischen Gesichtspunkten sind hier mehrere Orte interessant.

032je-mb

MEIN TIPP

Speisen mit Stadtpanorama

Das kleine **Lokal im Tabachnik-Park** bietet neben arabischer und italienischer Küche von seiner Terrasse eine sensationelle Aussicht auf die Altstadt. Vor allem bei Sonnenuntergang ist dies einer der schönsten Orte, um den besonderen Zauber der Heiligen Stadt zu erleben.

4 City View €, Rehov Binyamin Nazar, Tel. 02 549898840, Facebook: City View Jerusalem, tägl. 9–23.30 Uhr

Ein Großteil des Berges wird seit Jahrzehnten von der **Hebräischen Universität** eingenommen, der zweitältesten und bedeutendsten Hochschule des Landes. Sie besitzt einen kleinen **Botanischen Garten** (s. S. 89), der kostenlos zugänglich ist und einen guten Blick über die jüdischen Siedlungen im Westjordanland bietet.

Südlich des Botanischen Gartens schließt sich der kleine **Tabachnik-Park** an, der die vielleicht beste Sicht auf den Tempelberg bietet.

Unweit des Parks befindet sich mit dem **HaMasu'ot Lookout** ein weiterer beliebter Aussichtspunkt, der auch vom **Temple Mount Sifting Project** genutzt wird. 1999 wurden Teile des südöstlichen Tempelbergs abgetragen und zerstört. Heute kümmert sich ein Team aus Archäologen und Freiwilligen um die Sichtung der 9000 Tonnen Schutt, die damals mit Baggern weggeschafft wurden. Man kann ihnen bei ihrer Arbeit zusehen und im Rahmen einer **Führung** sogar selbst Hand anlegen.

Auf dem Skopusberg können sich Jung und Alt als Archäologen versuchen

Der für deutsche Touristen wohl interessanteste Ort auf dem Skopusberg, der gleichzeitig den Übergang zum Ölberg 23 bildet, ist das **Auguste-Viktoria-Hospital,** dessen Komplex sich unmittelbar an die Sichtungsstelle anschließt. Das Spital wurde auf Wunsch Kaiser Wilhelms II. angelegt und trägt erkennbar deutsche architektonische Züge. Heute ist es für die Bevölkerung des Westjordanlandes und des Gazastreifens die vielleicht wichtigste medizinische Einrichtung und wird vom Lutherischen Weltbund geleitet. Für Touristen zugänglich ist die sehenswerte **Himmelfahrtkirche** im neobyzantinischen Stil, in deren wundervoll gestaltetem Innern sich viele Reminiszenzen an die Kreuzfahrerzeit befinden. Eine Ausstellung im Turm informiert anhand historischer Aufnahmen über das Jerusalem des 19. Jh. Hier fühlt man sich angesichts der rustikal-romantischen Einrichtung nebst Kamin unweigerlich in vergangene Zeiten versetzt. Vom Turm aus genießt man einen **fabelhaften Rundumblick.**

› **Anfahrt:** Bus 17, 19, 19a, 30, 34, 34a, 42, 48, 48a, 53, 68, 102, 152, 209, 211

•2 **Temple Mount Sifting Project,** Rehov Martin Buber 14, https://tmsifting.org/en, Sommer So.–Do. 9–17, Fr. 9–13 Uhr, Winter So.–Do. 8–16, Fr. 9–13 Uhr, letzter Einlass jeweils 2 Std. vor Schließung, Führung und Durchsieben archäologischer Fundstücke: 35 ₪, erm. 20 ₪

★3 **Auguste-Viktoria-Hospital mit Himmelfahrtkirche,** Mo.–Sa. 8–13 Uhr, 5 ₪

033je-mb

Das Innere der Himmelfahrtkirche erstrahlt im Stil des Neobyzantinismus

31 Rockefeller Museum ★ [gj]

Das bereits seit den 1930er-Jahren bestehende Museum im arabisch geprägten Viertel **nördlich der Altstadtmauern** beherbergt eine eindrucksvolle Sammlung archäologischer Funde aus biblischen Zeiten und gilt gleichzeitig als wegweisender Bau des modernen Jerusalem.

Das Museum im **neogotischen Stil** wurde von dem amerikanischen Historiker James Henry Breasted ins Leben gerufen und verdankt seine Entstehung einer Spende von John D. Rockefeller Jr. Im **Sechstagekrieg** war dieses Gebiet stark umkämpft, noch immer sind an der Außenwand Einschusslöcher zu erkennen. Das Museum war ein symbolisch bedeutsamer Ort, denn wer die Deutungshoheit über die Vergangenheit besitzt, bestimmt bekanntlich auch die Gegenwart. Heute werden hier eindrucksvolle **archäologische Schätze** gezeigt, die zeitlich vom Mesolithikum (Mittelsteinzeit) über Bronzezeit

Entdeckungen nördlich der Altstadt

Der von Touristen wenig frequentierte Bereich **nördlich des Damaskustors** 9 hält einige Entdeckungen bereit. Der von Arabern bewohnte Stadtteil zeichnet sich nicht nur durch sein **buntes Markttreiben** aus, hier befand sich auch die **American Colony** (s. S. 121), heute locken hier gleich drei historisch interessante Orte.

Mitte des 19. Jh. entdeckte man einen Höhlenkomplex unterhalb der Altstadt, die 9000 m² messende **Zedekia-Höhle,** die auch unter dem Namen **Salomons Steinbruch** bekannt ist. Die Höhle diente im Laufe der Jahrhunderte als Steinbruch für den Bau wichtiger Gebäude. Einige Wissenschaftler gehen davon aus, dass der Steinbruch bereits in der ersten Tempelperiode in Betrieb war. Andere datieren ihn auf die herodianische Zeit, möglichweise wurde er für die Errichtung des zweiten Tempels genutzt.

Das **Gartengrab** ist eine Oase, in der das Treiben rundherum plötzlich weit weg scheint. Hier verorten einige protestantische Gruppen das Grab Jesu und den Berg Golgota. Diese im 19. Jh. aufgestellte Theorie stützt sich darauf, dass sich hier ein Berg erhob, der die Form eines Schädels hatte, und sich hier ein Grab befand, das aus der Zeit Christi stammen soll. Heute ist jeder eingeladen, in dem gepflegten, kleinen Park zu entspannen.

Nördlich des Gartengrabs befindet sich das **Grab der Helene von Adiabene,** besser bekannt als **Grab der Könige,** da man bei seiner Entdeckung im 19. Jh. davon ausging, dass dies die Grablege der Könige von Juda sei. Als gesichert gilt lediglich, dass Helene hier ihre letzte Ruhestätte fand, die Herrscherin des Adiabene-Reichs, dessen Zentrum im heute irakischen Erbil lag. Leider wurde die Anlage ihrer bedeutendsten Schätze beraubt, von denen heute einige im Louvre zu sehen sind.

★**5** [B1] **Zedekia-Höhle,** direkt neben dem Damaskustor, www.pami.co.il, So.–Do. 9–16 Uhr, Erw. 20 ₪, erm. 10 ₪

★**6** [B1] **Gartengrab,** Conrad Schick Street, Mo.–Sa. 8.30–17.15 Uhr, Spende erbeten

★**7** [fj] **Grab der Könige,** Rehov Salah e-Din, Di. und Fr. 9–13 Uhr, 10 ₪

Beim Besuch der Zedekia-Höhle spaziert man unterhalb der Altstadt

034je-mb

035je-mb

und Zeitenwende bis ins Mittelalter reichen. Zu den bemerkenswerten Ausstellungsstücken zählen **Holzdekorationen** aus der Al-Aksa-Moschee ⓮ und die Reste eines **Umayyaden-Palastes** in Jericho. Er sollte der prächtigste Palast jener Zeit werden, wurde aber noch vor seiner Fertigstellung im 8. Jh. durch ein Erdbeben zerstört. Weiterhin sind zwei **Reliefs der Grabeskirche** ⓭ zu sehen, die die Kreuzfahrer dort anbrachten, nachdem der ursprüngliche Bau zerstört worden war. Das **Hyksos-Grab**, ebenfalls aus Jericho, ist eines der besterhaltenen Gräber aus der Zeit um 1600 v. Chr.; sogar die Reste der Holzmöbel, die den Toten mitgegeben wurden, sind hier ausgestellt.

Besonders attraktiv ist der um einen Brunnen angelegte **Innenhof.**

› **Anfahrt:** Bus 1, 3, 3a, 51, 255, 256, 275, 285, 287
› Sultan Suleiman Street 27, www.imj.org.il/en/wings/archaeology/rockefeller-archaeological-museum, Tel. 02 6282251, Mo., Mi., Do., Sa. 10–15 Uhr, Eintritt frei

Moderne Architektur trifft auf Altertum: das Rockefeller Museum ㉛

Neustadt

㉜ Künstlerkolonie Hutzot Hayotzer ★ [A4]

Unweit der Stadtmauer haben sich im Tal zwischen Alt- und Neustadt einige Maler, Schmuckdesigner, Weber und andere Kunsthandwerker niedergelassen, denen man nicht nur bei ihrer Arbeit über die Schulter schauen kann, sondern deren Erzeugnisse auch direkt vor Ort erworben werden können.

Vor dem **Sechstagekrieg** befand sich hier das **Niemandsland** zwischen Israel und Jordanien, ehe sich ein paar Künstler, darunter der bekannte Bildhauer und Maler **David Palombo**, dazu entschlossen, hier ihrer Arbeit nachzugehen. Das Vorhaben war illegal und flog schnell auf, wurde aber von der Stadtverwaltung geduldet. Nach dem Ende des Sechstagekriegs boomte das Viertel förmlich und zog zahlreiche Künstler aus dem ganzen Land an. Spenden sorgten dafür, dass es ein schickes Antlitz erhielt. Lange stand die Kolonie vor dem Aus, aber Proteste aus der Bevölkerung und in der Presse sorgten schließlich dafür, dass die kreati-

036je-mb

ven Köpfe, die hier teilweise seit Jahrzehnten tätig sind, ihre Arbeit fortsetzen konnten.

Heute mangelt es leider häufig an Kundschaft, die Straße wirkt oft wie ausgestorben. Ein Blick hinein lohnt sich aber immer und wer auf der Suche nach **originellen Souvenirs** ist, wird hier bestimmt fündig.

Bekannt ist die Straße auch, weil hier seit Jahrzehnten im August das mehrtägige **International Arts and Crafts Festival** (s. S. 92), stattfindet, bei dem lokale und internationale Künstler ihre Waren anbieten.

› **Anfahrt:** Bus 163, 204, 231, 232, 234, 286, 298

Die Montefiore-Windmühle ist das optische Highlight im reizvollen Viertel Yemin Moshe

33 Montefiore-Windmühle und Yemin Moshe ★ [em]

Oberhalb der Künstlerkolonie Hutzot Hayotzer 32 schließt sich das kleine Wohnviertel Yemin Moshe an, das vielleicht schönste Wohngebiet außerhalb der Altstadt.

Es geht auf die Ideen von **Moses Montefiore** (1784–1885) zurück, einer schillernden Persönlichkeit, die von Queen Victoria als erster britischer Jude in den Adelsstand erhoben wurde. Fast zwei Meter groß, wurde Montefiore über hundert Jahre alt – im 19. Jh. ein schier unglaubliches Alter. Der Banker legte das Viertel Ende des 19. Jh. an, weil die Wohnverhältnisse im jüdischen Viertel in der Altstadt derart katastrophal waren, dass es regelmäßig zum Ausbruch von Seuchen kam. Mit seinen Ideen nahm er bereits einige Merkmale des modernen Zionismus (s. S. 60) vorweg. Zunächst wurde das Quartier nicht gut angenommen, einerseits aus religiösen Gründen, schließlich war man nicht mehr innerhalb der Mauern der Heiligen Stadt, andererseits aus praktischen Gründen, da das Viertel oft von Banditen heimgesucht wurde. Nach dem Unabhängigkeitskrieg war das Gebiet von armen Leuten bewohnt und nicht gerade sicher, häufig wurde es aus der Altstadt von jordanischen Truppen beschossen. Mittlerweile zählt es zu den teuersten Gegenden in ganz Israel. Häufig wirken die schicken, mediterran anmutenden Gassen wie ausgestorben – viele Häuser gehören reichen Juden aus Übersee, die hier nur an hohen Feiertagen anwesend sind.

Am oberen Ende des Viertels thront eine schmucke **Windmühle**, eine Augenweide aus hellem Stein, die bereits 1858 in Betrieb genommen wurde und als das erste Jerusalemer Gebäude außerhalb der Altstadt gilt. Die Mühle wurde 1948 von den Briten zerstört, da sich hier jüdische Untergrundkämpfer versteckt hielten, und anschließend wieder aufgebaut. 2012 erhielt sie ihr ursprüngliches Aussehen zurück, seitdem wird hier auch wieder Mehl gemahlen, zumindest zwei Stunden täglich. Im Innern befindet sich ein Verkostungs- und Verkaufsraum der **Jerusalem Winery,** des einzigen kommerziellen Weinguts in Jerusalem – hier kann man an einer Degustation teilnehmen.

Neben der Mühle ist hinter Glas die Rekonstruktion der **Kutsche** zu sehen, mit der sich Baron Montefiore durch das Heilige Land bewegte. Vor der Mühle steht ein kleiner **Caféwagen,** der auch einige Tische und Stühle bereithält, von denen aus man eine unverstellte Sicht auf den südwestlichen Abschnitt der Altstadtmauern, die Dormitio-Abtei 17 und bei klarem Wetter bis nach Jordanien hat.

› **Anfahrt:** Bus 13, 18, 30a, 49, 83a, 102, 105–108
› **Windmühle und Café:** Sommer So.–Do. 10–22, Fr. 10–16 Uhr, Winter So.–Do. 10–20, Fr. 10–14 Uhr, Degustation ab 25 ₪

34 The First Station ★★ [en]

Jerusalem ist nicht unbedingt für sein Nachtleben bekannt und auch sonst versprüht die Stadt nicht jenen hippen Geist, der Tel Aviv umweht. Gut, dass es da The First Station gibt! Dabei handelt es sich um einen ehemaligen, 1892 von den **Osmanen** eingeweihten **Bahnhof,** der noch bis in die 1990er-Jahre in Betrieb war. Anfangs verband eine Linie Jerusalem mit Jaffa, zu jener Zeit gab es Tel Aviv noch nicht. Ab dem Ersten Weltkrieg bestand ferner eine Verbindung nach Damaskus und zu den heiligen muslimischen Stätten in Saudi-Arabien. Während seiner Jerusalem-Reise kam hier auch **Kaiser Wilhelm II.** (s. S. 19) an. Nach dem Ersten Weltkrieg wurde der Bahnhof von den Briten ausgebaut, verlor im Laufe der Jahre aber zugunsten anderer Schienenhalte an Bedeutung und lag nach seiner Schließung sogar einige Jahre brach. Deshalb entschloss man sich 2013, hier ein kunterbuntes Areal an **Restaurants, Bars, Verkaufsständen** und Räumlichkeiten für **Ausstellungen** und Workshops entstehen zu lassen. Mittags geht es hier noch relativ ruhig zu, aber sobald sich der Tag dem Ende zuneigt, zieht es die Bewohner des beliebten Stadtteils **Talpiyot** und der German Colony 35 in das Freizeitareal, in das sich mittlerweile auch immer mehr Touristen verirren.

› **Anfahrt:** Bus 7, 18, 34, 49, 77, 77a, 102, 103, 106, 108, 850
› Rehov David Remez 4, www.firststation.co.il, rund um die Uhr zugänglich

037je-mb

☒ *Bunt und angesagt: der alte Bahnhof The First Station*

35 German Colony ★★ [dn]

Ende des 19. Jh. legten die Mitglieder der **Tempelgesellschaft** (s. unten) vor den Toren der Altstadt ein kleines Dorf an, das, abgesehen von den verwendeten Baumaterialien, in ähnlicher Form auch in der schwäbischen Provinz liegen könnte. Zäune, rote Dächer und kleine Gärten verleihen dem Stadtteil ein für diese Gefilde ungewöhnliches Bild. Die German Colony von Jerusalem entwickelte sich vor allem entlang der **beiden Straßen Emek Refa'im und Deret Beit Lechem.** Sie markierte einen zentralen Stopp zwischen Jerusalem und Bethlehem 47, der auch immer mehr Araber aus den benachbarten Dörfern anzog.

Nach dem Zweiten Weltkrieg wurde der Name des Quartiers in **Emek Efra'im** geändert, auch wenn das Viertel bis heute meist als **Hamoshava HaGermant** (Deutsche Kolonie) bekannt ist. Jüdische Siedler hielten Einzug, schnell entwickelte sich die Kolonie zu einem der beliebtesten Viertel der Stadt. Nachdem in den 1960er-Jahren einige eher unattraktive Gebäude hinzugekommen sind, legt man in den letzten Jahren wieder Wert darauf, den besonderen Charme des Viertels zu erhalten, das heute im Herzen der Stadt liegt und sich nach wie vor großer Beliebtheit erfreut.

Die Tempelgesellschaft

Die Tempelgesellschaft, eine protestantische Sekte, wurde im 19. Jh. von Christoph Hoffmann und Georg David Hardegg ins Leben gerufen. Sie strebten eine Wiedererrichtung des Jerusalemer Tempels an, dessen Bau die Wiederkehr Jesu Christi einläuten sollte. Die meisten Anhänger rekrutierten sich aus Württemberg, Baden und Bayern. Ziel war es, Kolonien im Gelobten Land zu errichten und dort auf die Wiederkehr Christi zu warten, während gleichzeitig jüdische Siedlungen unterstützt wurden. Schon bald entstanden überall in Palästina kleine Communitys mit typisch deutschem Touch. Ihre Häuser besaßen – wie zu Hause – ein oder zwei Stockwerke und Ziegeldächer, sie waren allerdings aus Stein und nicht aus Holz gebaut, da dieses hier kaum zu bekommen war. Größere deutsche Siedlungen, deren Architektur unverkennbar den Zeitgeist widerspiegelt, entstanden u. a. in Haifa, Tel Aviv und im Süden von Jerusalem.

Im Ersten Weltkrieg wurden die Siedler interniert und musste teilweise in landwirtschaftliche Kolonien übersiedeln. Andere wurden nach Ägypten deportiert, durften aber nach dem Krieg wieder zurückkehren. Während der 1930er-Jahre entwickelten viele Anhänger Sympathien für die Nazis, im Zweiten Weltkrieg internierte die britische Mandatsmacht viele von ihnen in Lagern, die meisten wurden nach Australien deportiert.

Nach der Gründung des Staates Israel am 14. Mai 1948 wurde ihr Besitz im Zuge der deutschen Reparationszahlungen verstaatlicht, allerdings leistete Israel Entschädigungszahlungen.

Heute gibt es schätzungsweise noch 2000 Templer, die vor allem in Melbourne und Stuttgart leben. Gelegentlich senden sie Delegationen nach Jerusalem, um den kleinen Friedhof der Sekte zu pflegen, auf dem auch der Begründer Christoph Hoffmann begraben ist.

Die zentrale Straße des Quartiers, die **Emek Refa'im**, bietet sich als **Ausgangspunkt** für eine Erkundung an. An einigen Häusern kann man noch deutsche Spuren ausmachen, z.B. deutschsprachige Bibelverse im Dachgiebel. Hier laden eine Menge **Cafés und Geschäften** zu einem kleinen Bummel ein.

Etwa auf halber Strecke der Emek Refa'im befindet sich der **Friedhof der Tempelgesellschaft**, den Schlüssel erhält man gegen Pfand im **Deutschen Hospiz St. Charles** (s.S. 122). Der Friedhof diente als zentrale Grablege der Mitglieder der Sekte und wirkt sehr gepflegt, da die Nachkommen der Siedler aus Australien noch immer für seinen Erhalt sorgen. Auch die Grabsteininschriften sind noch gut zu erkennen. Ferner ist das Deutsche Hospiz erhalten und nimmt heute wieder Pilger aus aller Welt auf, nachdem die hier residierenden Ordensschwestern der Borromäerinnen im Zweiten Weltkrieg interniert worden waren. Sehenswert ist zudem das **Hansen House** (s.S. 73).

Am nordöstlichen Ende der Emek Refa'im steht **The First Station** 34.

› **Anfahrt:** Bus 18, 34, 49, 77, 77a, 102, 103, 106, 108, 850

36 Museum for Islamic Art ★ [cn]

Das **Museum für Islamische Kunst** im Herzen der Neustadt bietet in seiner wundervoll präsentierten Schau neben einer Einführung zu den Weltreligionen einen umfassenden Überblick über die islamische Kunst von der frühislamischen Zeit bis heute – dank vieler teils sehr ungewöhnlicher Artefakte und guter Erklärungen in englischer Sprache. Die Ausstellung verdeutlicht dabei insbesondere die künstlerische Vielfalt einer Welt, die von Afrika bis nach Asien reicht. Der **Schwerpunkt** liegt aber eindeutig auf **persischer und arabischer Kunst.** Zu sehen sind neben Alltagsgegenständen, Kacheln, Handschriften, Koran-Ausgaben und Schmuck auch Sakralgegenstände und kunstvolle orientalische Rüstungen sowie Waffen. Ergänzt wird das Angebot durch wechselnde Ausstellungen im Untergeschoss.

› **Anfahrt:** Bus 13, 952

› Rehov Hapalmach 2, www.islamicart.co.il, Tel. 02 5661291, Mo.-Mi. 10-15, Do. 10-19, Fr./Sa. 10-14 Uhr, Erw. 44 ₪, erm. 35 ₪, Kinder 25 ₪

038je-mb

Im Museum für Islamische Kunst sind unter anderem aufwendig gestaltete Rüstungen zu sehen

37 Regierungs- und Kulturviertel Givat Ram ★★★ [al]

Givat Ram liegt eingerahmt von Sacher Park (s. S. 90) und Kreuzkloster 41 im Osten, dem Jerusalem Botanical Garden (s. S. 89) im Süden und der A 50 im Westen. Hier schlägt mit der **Knesset** 38, zahlreichen Ministerien, dem Obersten Gericht und weiteren Einrichtungen nicht nur das **politische Herz Israels**, sondern es wurden auch bewusst **bedeutende Kulturinstitutionen** wie das Israel Museum 39, die Nationalbibliothek und Teile der Hebrew University hier angesiedelt. Dies soll die Verbindung von Politik und Geistesleben sowie Gegenwart und Vergangenheit des jüdischen Volkes symbolisieren.

› **Anfahrt:** Bus 7, 7a, 14, 32a, 35, 66, 66a, 100, 113, 121, 122, 156, 414, 485 (für Knesset und die beiden Museen)

38 Knesset ★ [al]

Die **„Versammlung“**, so die deutsche Entsprechung, ist das vielleicht bekannteste Parlament im Nahen Osten. Seit 1966 tagt man hier, zuvor fanden die Sitzungen an einem anderen Ort in Jerusalem bzw. in den ersten Tagen des modernen Israel noch in Tel Aviv statt. 2008 kam ein neuer Flügel hinzu, in dem die Abgeordneten ihre Büros haben und die Ausschüsse tagen. Genau 120 Abgeordnete sitzen heute im Parlament, eine Zahl, die nicht zufällig gewählt ist, sondern der Anzahl der Räte entspricht, die in Jerusalem nach der Rückkehr aus dem Babylonischen Exil zusammenkamen. Im Vergleich zu Deutschland sind mehr Parteien im Parlament vertreten, seit 2021 sind es insgesamt 13 Parteien, was für israelische Verhältnisse einem eher durchschnittlichen Wert entspricht. Oberstes Gebot des Hohen Hauses ist Transparenz. Nicht nur kann man als Besucher an kostenlosen, ca. einstündigen **Touren** teilnehmen (auch auf Deutsch) und ohne vorherige Anmeldung an Parlamentssitzungen teilnehmen, Israelis dürfen ferner einer Ausschusssitzung beiwohnen und Fragen stellen.

Einer der bedeutendsten Bereiche der Knesset ist der **Chagall-Saal**. Er wird für Staatsempfänge genutzt und birgt unter anderem einen riesigen Wandteppich, der die Vergangenheit, Gegenwart und Zukunft des jüdischen Volkes symbolisiert und bei einer geführten Tour oft als Erstes angesteuert wird. Für dessen Planung benötigte der bedeutende französisch-russisch-jüdische Künstler **Marc Chagall** (s. S. 64) ganze vier Jahre, die Ausführung nahm noch einmal so viel Zeit in Anspruch. Im Chagall-Saal ist auch eine Replik der Unabhängigkeitserklärung ausgestellt.

039je-mb

Das Herzstück der Knesset bildet der **Plenarsaal**, dessen Tische im Muster eines siebenarmigen Leuchters (Menora), des Staatssymbols, angeordnet sind. Seitdem ein geistig Verwirrter 1957 eine Granate in den Raum warf, kann man den Sitzungen nur noch hinter kugelsicherem Glas beiwohnen.

› **Anfahrt:** s. S. 52
› **Besucherzentrum:** Tel. 02 6753337, https://main.knesset.gov.il. Beim Besuch ist der **Reisepass** mitzuführen, außerdem muss angemessene Kleidung (keine politischen Parolen auf der Kleidung, kein Minirock etc.) getragen werden.
› **Führungen:** Einstündige, kostenlose Standardtouren auf Deutsch finden Do. und So. um 8.30 Uhr statt, auf Englisch auch um 12 und 14 Uhr, eine Anmeldung ist für Individualtouristen nicht nötig. Außerdem kann von So. bis Do. der parlamentseigene archäologische Park individuell besichtigt werden. Für Gruppen werden zahlreiche weitere Touren angeboten.

39 Israel Museum ★★★ [am]

Das israelische Nationalmuseum informiert auf einem riesigen Areal über die bewegte Geschichte der Region.

Für den Besuch sollte man sich mindestens **einen halben Tag** Zeit nehmen, denn es gibt viel zu sehen. Der Rundgang beginnt am berühmten **Schrein des Buches.** Das von den Architekten Kiesler und Bartos gestaltete Gebäude beinhaltet die ältesten Thora-Rollen der Welt, die **Qumran-Schriften vom Toten Meer,** und damit die ältesten erhaltenen Bibelschriften. Gefunden wurden sie von einem Beduinenjungen Ende der 1940er-Jahre. Schnell wurde klar, dass es sich um einen einmaligen archäologischen Fund handelte.

Die Tongefäße, in denen die Schriftrollen aufbewahrt wurden, dienten den Architekten als Vorbild für ihren spektakulären, mit **weißen Kacheln** bedeckten Bau, der in scharfem Kontrast zur gegenüberstehenden **schwarzen Basaltwand** steht. Diese Farbsymbolik greift die Ideen

Die Knesset bildet das Herzstück des Viertels Givat Ram

Jerusalem in der Antike: Modell im Außenbereich des Israel Museum

der Essener-Sekte auf, die zwischen den „Söhnen des Lichts" und den „Söhnen der Dunkelheit", also ihren Feinden, unterschieden. Die Essener gelten als mögliche Verfasser der Schriftrollen.

Der **Schrein** enthält Originale und Faksimiles (aus konservatorischen Gründen kann leider nicht alles gezeigt werden), allen voran die **Jesaja-Rolle**, eine über sieben Meter lange Schriftrolle, die fast vollständig erhalten ist. Sie und andere Schriftstücke, die hier gezeigt werden, sind rund 3000 Jahre alt. Sie beschreiben auch Gemeinderegeln oder enthalten andere religiöse Texte der Sekte.

Da es sich um den **bedeutendsten archäologischen Schatz des Landes** handelt, der auch für andere Religionen von Bedeutung ist, herrscht hier immer viel Betrieb. Tatsächlich wollen rund eine Million Besucher pro Jahr die Schriftrollen sehen. Ein Besuch empfiehlt sich also möglichst zeitig nach der Öffnung des Museum am Morgen.

Vom Schrein des Buches ist es nicht weit zum gigantischen **Jerusalem-Modell**. Es zeigt die Stadt zur Zeit des Herodianischen Tempels (s. S. 24), also um die Zeitenwende, und ermöglicht dank des Maßstabs von 1:50 einen detailgetreuen Blick auf die antike Stadt, auch wenn nicht alle Teile den neuesten Stand der Forschung widerspiegeln.

Die nächste Station auf dem Gang durch das rund acht Hektar große Areal ist der **Skulpturengarten**, der als einer der schönsten der Welt gilt und Werke von Picasso, Moore, Rodin und vielen weiteren Ausnahmekünstlern enthält.

Das eigentliche **Museum** gliedert sich in vier Bereiche: einen Jugendflügel für Museumspädagogik, die archäologische Abteilung, den Judaika-Bereich und die Kunstsammlung.

Die chronologisch aufgebaute **archäologische Abteilung** zeigt die weltweit größte Sammlung biblischer Archäologie und beinhaltet etliche weitere Funde von Rang, etwa eines der

⌃ *Der spektakuläre Schrein des Buches (s. S. 53) beherbergt die sagenumwobenen Qumran-Schriften*

ältesten Kunstwerk der Welt, eine 233.000 Jahre alte Frauenstatuette, die verdeutlicht, dass bereits die Vorläufer des Homo Sapiens über Kunstfertigkeit verfügten. Zu sehen sind ferner Artefakte der Nachbarkulturen der Israeliten bis hin zu Kreuzfahrerrelikten.

Die **Judaika-Sammlung** gibt einen Überblick über jüdisches Leben vom Mittelalter bis heute und umfasst so bedeutende Werke wie den Rothschild-Miscellanus, ein wundervoll illustriertes Buch aus dem Italien des 15. Jh., das zum UNESCO-Welterbe zählt. Weiterhin sind vier originale Synagogen aus Franken, Suriname, Italien und Indien zu sehen, die, teilweise erhalten, dort abgetragen und dann im Museum wiederaufgebaut wurden, aber auch Ritual- und Alltagsgegenstände von Juden aus aller Welt. Die Sammlung beeindruckt gewiss auch Menschen, die mit Religion nicht viel am Hut haben und zeigt vor allem, wie vielfältig jüdisches Leben rund um den Globus ist.

Die **Kunstabteilung** schließlich umfasst Werke israelischer und ausländischer Künstler aus aller Welt und ist teils geografisch, teils thematisch aufgebaut. Zu den bedeutendsten Vertretern zählen Picasso, Cranach, Chagall, Dalí, Monet und Mondrian, um hier nur einige zu nennen.

Ergänzt wird das Angebot durch diverse **Wechselausstellungen**, kostenlose **Führungen** zu unterschiedlichen Themen, mehrere **Cafés** und gut sortierte **Museumsshops.**

› **Anfahrt:** s. S. 52
› Derech Ruppin 11, www.imj.org.il/en, Sa.–Mo., Mi./Do. 10–17, Di. 16–21 Uhr, Fr. und vor Feiertagen 10–14, Erw. 54 ₪, Studenten u. Senioren 39 ₪, Kinder 5–17 Jahre 27 ₪ (Di./Sa. frei), Preise inkl. englischem Audioguide

40 Bible Lands Museum ★ [am]

Die Ausstellung, die auf der Sammlung des Antikenhändlers **Elie Borowski** (1913–2003) basiert, zeigt **archäologische Funde aus biblischer Zeit.** Die gibt es doch auch im Israel Museum 39, werden manche sagen, aber der Ansatz ist hier ein anderer: Anstatt die Einzigartigkeit Israels im Rahmen einer nationalen Erzählung zu betonen, wird hier der Fokus auf nachbarschaftliche Beziehungen und wechselseitige kulturelle Beeinflussung gelegt. Borowski, selbst Erforscher sumerischer Schriften, war dieser Ansatz so wichtig, dass er dem Israel Museum seine Schau verweigerte und auf ein eigenes Museum bestand, als er seine Sammlung nach Israel brachte. Man lernt Aufschlussreiches über Philister, Ägypter, Babylonier, Assyrer, Sumerer und Co., wobei besonders die Siegelsammlung beeindruckt. Interessant ist zudem der Bereich über die Entstehung der Schrift – hier lernt man zum Beispiel, wie aus dem proto-kanaanitischen Symbol für einen Ochsenkopf unser Buchstabe „A“ wurde. Auch der Astronomie wird Raum gegeben, außerdem ist ein Modell des Ersten Tempels zu sehen.

› **Anfahrt:** s. S. 52
› Rehov Shmuel Stephan Weiz, www.blmj.org/en, Tel. 02 5611066, So.–Di., Do. 10–17, Mi. 10–21, Sa. 10–14 Uhr, Erw. 44 ₪, Kinder u. Jugendliche bis 18 Jahre 22 ₪ (Mi. und Sa. frei), kostenlose englische Touren (Infos s. Website)

41 Kreuzkloster ★★ [bm]

Der **monumentale Komplex**, den man aus der Ferne auch gut für eine Burg halten könnte, befindet sich unweit des Israel Museums 39 im Osten des **Rehavia-Parks.** Er untersteht seit Hunderten von Jahren einem orthodoxen Patriarchen. Einige behaupten, dass die Anlage bis in die Zeit Konstantins I. (4. Jh.) zurückreicht, andere datieren sie in die Zeit Justinians I. (6. Jh.) oder des oströmischen Kaisers Herakleios (7. Jh.). Letzterer soll das angebliche **Kreuz Jesu Christi** mit sich geführt haben, als er aus Persien heimkehrte. Und hier soll der Baum gestanden haben, aus dessen Holz das Kreuz geschnitzt worden war – es kehrte also der Überlieferung nach gewissermaßen an seinen Ursprungsort zurück und so wurde ein Kloster errichtet. Jener Baum soll von Lot gepflanzt worden sein, und zwar als Zeichen der Sühne für die Inzucht, die er in betrunkenem Zustand mit seinen Töchtern begangen hatte. Der Teufel verführte Lot, woraufhin dieser den Baum nicht goss. Gemäß dem Neuen Testament sollen die Römer dann genau diesen Baum ausgewählt haben, um Jesus zusätzlich zu demütigen.

Die prachtvolle dreikupplige **Kirche**, die das Herzstück der Anlage bildet und ein typisches Beispiel byzantinischer Sakralarchitektur darstellt, stammt aus dem 6. Jh. und präsentiert sich, abgesehen von einigen Mosaiken, die im 11. Jh. hinzugekommen sind, fast im Originalzustand. Besonders die hervorragend erhaltenen **Fresken** sind ein echter Hingucker.

› **Anfahrt:** Bus 14, 15, 32, 850
› Rehov Shota Rustaveli, Mo.–Sa. 10–18, im Winter bis 16 Uhr, 15 ₪

42 Mahane-Yehuda-Markt ★★★ [cj]

An keinem anderen Ort in Jerusalem spürt man so sehr das pulsierende Leben wie auf Israels größtem Markt, der täglich von Zehntausenden von Menschen besucht wird. Der von den Jerusalemern kurz „Machne" genannte Handelsplatz ist kein Touristenmarkt, sondern eine riesige Verkaufsfläche mit Lebensmitteln, Bars, Imbissen, Kaffee- und Teehäusern.

Noch Ende des 19. Jh. befand sich an dieser Stelle eine leere Fläche. Die gemauerten arabischen Shops entstanden in den 1920er- und 1930er-Jahren. Seitdem hat sich der Markt von einem reinen Lebensmittelumschlagplatz zu einem **bunten Mix aus Nachtleben und Einkaufsmöglichkeiten** entwickelt, der in der Region wohl einzigartig sein dürfte.

042je-mb

⊲ *Das kulinarische Herz der Stadt schlägt auf dem Mahane-Yehuda-Markt, wo man die ganze Bandbreite der israelischen Küche probieren und abends ins Nachtleben eintauchen kann*

Von morgens bis in die späten Nachmittagsstunden findet der Marktbetrieb statt. Hier bekommt man alles, was das Herz begehrt: Tonnen exotischer Gewürze, frisches Gemüse und Obst, aber auch Spielzeug, Küchenutensilien und vieles mehr. Das Angebot ist überbordend und wenn Preise nicht extra ausgewiesen sind, kann man durchaus versuchen zu feilschen. Gleichzeitig haben viele Lokale geöffnet. Der Begriff Streetfood trifft die leckeren Speisen, die man hier erhält, nicht ganz, denn es handelt sich nicht (nur) um Hipster-Einrichtungen, sondern oft um Traditionsbetriebe, in denen seit Generationen dieselben Gerichte zubereitet werden. Der Markt bietet daher die ideale Gelegenheit, die ganze **Bandbreite der israelischen Küche** kennenzulernen, die ein bunter Mix aus zahlreichen Küchen Europas, Nordafrikas und Asiens ist und so manche Überraschung bereithält.

In den frühen **Abendstunden** wandelt sich der Markt dann spürbar: Verkaufstische verschwinden und werden durch Hocker und Stehtische ersetzt. Dann schlägt die große Stunde der kleinen Bierbrauer, Weinhändler und Gastronomen. Jerusalemer aller sozialen Schichten kommen zusammen und genießen ihren Feierabend. Bedingt durch den Umstand, dass Jerusalem als Heilige Stadt gilt, in der Partys, Discos und ganz allgemein das Ausgehen von vielen tiefreligiösen Gruppen abgelehnt werden, braucht es vielleicht eine Einrichtung wie diesen Markt, auf dem man zusammenkommt, um ein kleines Stück Freiheit zu genießen.

Besonders geschäftig geht es **freitagmittags** zu, wenn vor dem jüdischen Ruhetag Schabbat (s. S. 116) noch schnell die letzten Einkäufe für das traditionelle Schabbatmahl getätigt werden. Anschließend gehen einige ultraorthodoxe Juden durch die Reihen und machen mit lauten „Schabes-Schabes"-Rufen (jiddisch für „Schabbat") darauf aufmerksam, dass die Geschäfte nun bitte schließen mögen. Dann sollte man sich dezent zurückziehen.

Am Samstag, wenn der Markt geschlossen ist, hat man das Areal ganz für sich alleine – die beste Gelegenheit, die schönen **Street-Art-Gemälde** an den verschlossenen Rollläden in Ruhe zu begutachten, die seit einigen Jahren so manches Geschäft schmücken.

Über die Website des Markts lassen sich lohnende **Touren** buchen (s. S. 118).

› **Anfahrt:** Bus 18, 25, 32, 32a, 45, 66, 74, 75, 78, 78a, 117, 202, 267

› https://en.machne.co.il, So.–Do. 8–19, Fr. 8–15 Uhr (auch außerhalb der Öffnungszeiten zugänglich)

Mein Tipp

Alles mit einem Biss

Die über die Website des Markts erhältliche **Bite Card** bietet ihren Käufern Orientierung beim Besuch des **Mahane-Yehuda-Markts** (42). Man holt sie an einem **Infopunkt** ab (am besten die Händler vor Ort nach der Lage fragen) und kann sich dank mehrerer Coupons an verschiedenen Ständen durch die israelische Küche probieren – von der jüdischen Maultasche über arabischen Kaffee bis zu leckerem Hummus ist alles dabei. Dazu gibt es einen **Audioguide** (Kopfhörer nicht vergessen) und eine hilfreiche kleine **Karte** zur Orientierung.

› **Buchung und Preis:** https://en.machne.co.il (unter „The Bite Card"), 105 ₪, Night Bite Card 150 ₪

43 Me'a She'arim ★★ [dj]

Das berühmt-berüchtigte **ultraorthodoxe Viertel** wird von vielen Reisenden gemieden, teils aus Angst, teils aus Unverständnis über die lokalen Gebräuche. Wer jedoch einige **Verhaltenstipps** berücksichtigt (s. S. 59), findet hier Jerusalems vielleicht interessantesten und exotischsten Mikrokosmos vor. Weil es an klassischen Sehenswürdigkeiten mangelt, wird man sich hier nicht allzu lange aufhalten. Dennoch gleicht ein Spaziergang durch den Stadtteil einer Reise in eine ferne Welt, die in Osteuropa spätestens mit dem Holocaust unterging.

Das Viertel wird von strenggläubigen **aschkenasischen Juden** bewohnt, die die Thora wortwörtlich auslegen. Frauen tragen Perücken und haben das Haar darunter oft kurz geschoren, Männer mit Schläfenlocken kleiden sich meist in schwarzen Anzügen mit großen, schwarzen Hüten. Alles ist auf die Einhaltung religiöser Grundsätze ausgerichtet, sodass viele Männer hier auch nicht arbeiten, sondern ihre Zeit mit dem Studium religiöser Schriften verbringen. Dass sie dabei vom Staat finanziell unterstützt werden müssen, nehmen sie eher hin als einen israelischen Pass, den sie aus religiösen Gründen ebenso ablehnen wie den Staat Israel. Aus diesem Grund kommt es immer wieder zu gewalttätigen Auseinandersetzungen zwischen ihnen und den israelischen Sicherheitskräften. Auch sonst bereiten die Gottesfürchtigen den Behörden Kopfzerbrechen: Acht oder mehr Kinder sind eher die Regel als die Ausnahme, der Militärdienst wird verweigert, dafür zieht es die Ultraorthodoxen immer mehr auch in andere Stadtteile, wo sie starken Einfluss auf das Alltagsleben der säkularen Mehrheitsgesellschaft nehmen. Mittlerweile soll bereits jeder fünfte Israeli zu ihnen gehören, was die Staatskasse immer mehr belastet. In Jerusalem machen sie geschätzt fast ein Drittel der Bevölkerung aus.

Die „vor Gott Zitternden", wie sie sich selbst bezeichnen, sprechen im Alltag häufig **Jiddisch**, was man als Deutsch Sprechender bei genauerem Hinhören recht gut verstehen kann. Vielen von ihnen fiele es gar nicht ein, die heilige Sprache der hebräischen Bibel für profane Alltagsdinge zu missbrauchen, in einigen Familien wird nur am Schabbat Hebräisch gesprochen. Das Leben in Me'a She'arim ist oft ärmlich, manche Häuser sind noch immer nicht an die Kanalisation angeschlossen. Trotzdem

Im Viertel Me'a She'arim ist äußerste Zurückhaltung geboten

zählen die Mieten hier zu den höchsten in ganz Israel, da viele Gläubige in der Nähe ihres Lieblingsrabbiners leben möchten und die Nachfrage nach Wohnraum groß ist.

Das Leben im Viertel konzentriert sich um die dem Stadtteil seinen Namen gebende **Hauptstraße**, die gesäumt ist von religiösen Buchläden, Perückenmachern und Herrenausstattern im Einheitslook. Hier befindet sich auch der hübsche Laden **Olive Wood Art** (s. S. 88) mit wundervollen Produkten aus Olivenholz.

Während **Purim** (s. S. 90) geht es im Viertel hoch her: Es herrscht eine herzliche, ausgelassene Stimmung und Betrunkene säumen die Straßen, denn an diesem Tag ist der Rausch religiöse Pflicht!

› **Anfahrt:** Bus 1, 39, 55, 59, 755, 901

Verhaltenstipps für das Viertel

Besucher sollten beim Besuch des Stadtteils **Me'a She'arim** 43 folgende Ratschläge beachten, um nicht den Zorn der Gläubigen auf sich zu ziehen:

- Frauen tragen am besten eine Kopfbedeckung und sollten die Schultern bedeckt halten, ein Rock sollte mindestens bis zu den Knien reichen. Männern ist eine Kopfbedeckung anzuraten.
- Fotografieren von Personen ist nicht erwünscht.
- Im Bus sollte man sich als Frau besser nach hinten setzen und nicht neben einen ultraorthodoxen Mann.
- Homosexuelle sollten das Viertel komplett meiden, da die Gefahr von Übergriffen hoch ist.
- Am Schabbat (s. S. 116) ist das Viertel für Nichtjuden tabu, man sollte es spätestens Freitagmittag wieder verlassen.

44 Herzlberg ★

Der Herzlberg ist einer der bedeutendsten Orte nationalen Gedenkens. Ein Besuch gehört nicht nur für Schüler und Soldaten, sondern auch für die meisten ausländischen Politiker zum Pflichtprogramm. Das Areal umfasst **unzählige Gräber und Gedenksteine.** Hier werden unter anderem Polizisten und Soldaten beigesetzt, die ihr Leben im Dienst für ihr Land ließen – und damit, so die Vorstellung, für die Verwirklichung der Ideale **Theodor Herzls** (s. S. 60) und des Zionismus. Ebenso sind hier Menschen beerdigt, die bei terroristischen Anschlägen ums Leben kamen.

Im Zentrum der Anlage steht das **Grab Theodor Herzls**, der gemäß seinem Testament zunächst in Wien bestattet wurde, um nach Errichtung eines jüdischen Nationalstaats nach Israel überführt zu werden – dies geschah 1949, 45 Jahre nach seinem Tod. Auch andere bekannte Zionisten wie **Wladimir Jabotinsky** sind hier beigesetzt. Ein Areal ist bedeutenden Politkern und somit, nach israelischer Lesart, Dienern der Ideale Herzls gewidmet. Hier wird u. a. an den Friedensnobelpreisträger **Ariel Sharon** erinnert, der in Israel viele Posten innehatte, darunter den des Präsidenten und Premierministers. **Jitzchak Rabin**, Premierminister und Nobelpreisträger, der 1995 im Amt von einem ultraorthodoxen Juden ermordet wurde, fand hier seine letzte Ruhestätte.

Ein Weg führt von **Yad Vashem** 45 direkt zum Herzlberg, was symbolisch den Weg von der Katastrophe zum Neuanfang darstellen soll. Heute bildet das Areal den Rahmen für politische Kundgebungen: So nehmen beispielsweise die Feierlichkeiten am Unabhängigkeitstag hier ihren Ausgang.

Am Haupteingang des jederzeit frei zugänglichen Gebiets befindet sich zudem das ausgesprochen sehenswerte **Herzl Museum** (s. S. 71), das Herzls Leben und seine Idee von einem jüdischen Nationalstaat auf ungewöhnliche und eindrucksvolle Weise vorstellt.

› **Anfahrt:** Bus 16, 28, 28a, 33, 35, 39, 184, 194, 225, 245, 284, 295, 781, 804, 814; Straßenbahn bis „Har Herzl"

45 Yad Vashem ★★★

Die zentrale Gedenkstätte für die Opfer des Holocaust erinnert seit 1953 an die Schrecken der Nazi-Diktatur und nimmt dabei vor allem die Opfer in den Blick. Der Komplex umfasst mehrere Bereiche, darunter ein Museum zur Geschichte des Holocaust, die Allee der Gerechten und viele weitere Erinnerungsorte.

Theodor Herzl und der Traum von einem jüdischen Nationalstaat

Theodor Herzl erblickte 1860 als Sohn einer bürgerlichen jüdischen Familie in Budapest das Licht der Welt, ehe seine Eltern mit ihm nach Wien übersiedelten, wo Herzl sich zunächst als deutscher Jude fühlte und viele Anstrengungen unternahm, sich in die Gesellschaft zu integrieren. Nachdem er mit 24 Jahren erfolgreich im Fach Jura promoviert hatte, merkte er schnell, dass seiner Karriere in diesem Bereich aufgrund seiner Herkunft Grenzen gesetzt waren. Fortan widmete er sich dem Schreiben von Theaterstücken und heuerte als Journalist bei der Neuen Freien Presse an, die ihn bald als Korrespondenten nach Paris schickte, damals das kosmopolitische Zentrum Europas. Hier fand in ihm ein Umdenken statt, als er 1894 Zeuge der Dreyfuß-Affäre wurde, eines antisemitisch motivierten Komplotts gegen einen jüdischen Hauptmann, der angeblich für das Deutsche Kaiserreich spioniert haben sollte und anschließend öffentlich degradiert wurde. Herzl war entsetzt über das Ausmaß antijüdischen Hasses und befand, dass die Juden nur in einem eigenen Staat wirklich sicher sein würden. In der Folge schrieb er das Buch „Der Judenstaat", das 1896 einschlug wie eine Bombe, zum Bestseller wurde und eine neue Bewegung entstehen ließ, an deren Spitze er sich setzte – den **Zionismus.**

Nur anderthalb Jahre später tagte in Basel der Erste Zionistenkongress, auf dem Herzl von vielen als „König der Juden" bezeichnet wurde. Durch seine Arbeit als Verfasser von Theaterstücken und seine charismatische, bürgerliche Art gelang es ihm, die Anwesenden von seinem Ideal zu überzeugen, der Schaffung eines jüdischen Staates. Ein Jahr später kam es zum Zweiten Zionistenkongress, es sollten noch weitere folgen. Damals hatten sich bereits rund 1000 zionistische Gesellschaften und Vereine in aller Herren Länder gegründet. Herzl, ein rastloser Geist, reiste in der Folge durch die halbe Welt, um Kaiser, Sultane und Zaren von seiner Idee zu überzeugen, stieß aber bei allen auf taube Ohren. Am ehesten fand er noch bei den Briten Gehör: Kolonialminister Chamberlain schlug ihm vor, einen jüdischen Nationalstaat in Uganda zu schaffen. Damals kam es in Chişinău (heute Moldawien, damals Russisches Kaiserreich) zu einem furchtbaren Pogrom mit rund 50 Toten, der Herzl um-

Das **Museum** spannt einen Bogen vom jüdischen Leben in Mittel- und Osteuropa über die Machtergreifung der Nazis bis zur **Schoah** und zeichnet auf ergreifende Weise und mit vielen multimedialen Elementen eine Linie, die von der Ausgrenzung der Juden über ihre Verfolgung bis zu ihrer Vernichtung führt.

Den Abschluss der Ausstellung bildet die **Halle der Namen**, in deren Seitennischen die Namen aller bekannten Opfer der Schoah – wenn vorhanden, mit Fotos – aufbewahrt werden. Im angrenzenden Komplex werden **Wechselausstellungen** gezeigt, außerdem befinden sich hier ein **Medien- und Bildungszentrum** sowie eine **Synagoge.**

Über das ganze Gelände verteilt sind verschiedene Gedenkorte, die bestimmten Gruppen oder Einzel-

denken ließ. Auf dem folgenden Kongress schlug er vor, den britischen Vorschlag zu akzeptieren und zunächst einen jüdischen Staat in Uganda und später in Israel zu errichten, was ihm von vielen als Verrat an seiner eigenen Idee angekreidet wurde. Herzl verlor den Vorsitz. In der Folge veröffentlichte er sein zweites wichtiges Werk, „Altneuland", in dem der berühmte Ausspruch „Wenn ihr es wollt, ist es kein Traum" auftaucht. Allerdings ging Herzl von der irrigen Annahme aus, die arabische Bevölkerung würde die Schaffung eines jüdischen Staates begrüßen.

1904 starb Herzl mit nur 44 Jahren „an gebrochenem Herzen", wie manche meinen, ohne die Verwirklichung seines großen Traums erlebt zu haben. Es sollte noch fast 50 Jahre dauern, bis es soweit war. Zumindest seine sterblichen Überreste sollten das „Gelobte Land" wiedersehen, denn unmittelbar nach der Gründung des Staates Israel brachte man sie, wie in seinem Testament festgehalten, nach Israel. Er fand auf dem nach ihm benannten Berg 44 im Westen der Stadt seine letzte Ruhestätte. Heute tragen etliche Plätze, Straßen und Institutionen Herzls Namen und sein Bild hängt im Plenarsaal der Knesset 38, wo es die Politiker daran erinnern soll, dass sie Herzls Idee verpflichtet sind.

043je

Theodor Herzl, der geistige Vater des modernen Israel

009je-mb

Dieses Denkmal in Yad Vashem (45) *erinnert eindrucksvoll an die Todeszüge*

personen gewidmet sind. Unter ihnen stechen besonders das **Tal der Gemeinden** mit den Namen von über 5000 jüdischen Gemeinden, die ganz oder teilweise ausgelöscht wurden, das **Denkmal zur Erinnerung an die Deportierten** mit einem der Original-Viehwaggons der Reichsbahn, der in eine Schlucht zu fahren scheint, sowie die **Allee der Gerechten unter den Völkern** mit dem Garten der Gerechten hervor. Die Symbolik, die sich dahinter verbirgt, ist eindeutig: Ein Symbol der Hoffnung in dunklen Zeiten und das Menschsein in unmenschlicher Umgebung bilden hier den Rahmen. Die Allee der Gerechten erinnert an jene Menschen, die während des Zweiten Weltkriegs Juden halfen. Ihr bekanntester Vertreter dürfte **Oskar Schindler** sein, dem Steven Spielberg ein preisgekröntes filmisches Denkmal setzte und der auf dem Katholischen Friedhof auf dem Zionsberg seine letzte Ruhestätte fand (s. S. 38).

› **Anfahrt:** Bus א28
› Har HaZikaron, www.yadvashem.org, Tel. 02 6443400, So.-Do. 9-17, Fr. 9-14, Eintritt frei (Zutritt erst ab 10 Jahren), Audioguide auf Deutsch 30 ₪. Am **Infopunkt** ist für 12 ₪ eine **Übersichtskarte in deutscher Sprache** erhältlich, die bei der Orientierung auf dem weitläufigen Gelände hilft.

46 Ein Kerem ★★

Obwohl dieser malerisch in einem Tal gelegene kleine Ort noch zu Jerusalem gehört, wähnt man sich hier in einer anderen Welt, fern der hektischen Metropole. Fast fühlt man sich wie in einem **mediterranen Bergdörfchen.** Die idyllische Lage hat in der Tat viele Künstler angezogen, die in Ein Kerem (auch En Kerem) ihre kleinen **Galerien** betreiben.

Mit der Ruhe ist es freilich vorbei, wenn ganze Busladungen von Pilgern am späten Vormittag hier vorbeischauen (pro Jahr kommen einige Millionen Gäste), denn der Ort war **Schauplatz mehrerer biblischer Ereignisse.** Im Folgenden werden die wichtigsten Stätten beschrieben, freilich gibt es noch weitere Kapellen, Kirchen und Klöster, die allesamt gut ausgeschildert sind.

Laut der Bibel soll Ein Kerem der **Geburtsort von Johannes dem Täufer** gewesen sein, des Cousins zweiten Grades Jesu, den zunächst viele für den Messias hielten. Er soll in einer kleinen Höhle geboren worden sein, über der sich heute ein katholisches Kloster befindet, das auf den Resten einer byzantinischen und einer Kreuzfahrerkirche entstand. Die Kirche stellt eine architektonische Besonderheit dar: Im Innern ist sie fast vollständig mit blau-weißen Kacheln aus dem 18. Jh. ausgekleidet. Im Innenhof finden sich zahlreiche weitere Kacheln mit einem Gebet in unterschiedlichen Sprachen – von Luxemburgisch bis Koreanisch ist so gut wie alles dabei.

Das **Konvent der Schwestern und Brüder Zions** wurde im 19. Jh. von zwei Konvertiten aus dem Elsass gegründet. Gäste können den wundervollen Garten der Anlage, den Friedhof, auf dem einer der Ordensbrüder begraben liegt, und die schlichte Kirche besichtigen – ein perfekter Ort, um innezuhalten und mit Sicht auf die umliegenden Berge zu entspannen.

Eine bedeutende Pilgerstelle für Christen und Muslime stellt die **Marienquelle** knapp außerhalb des Ortskerns dar. Sie wird seit dem Mittelalter verehrt. Hier soll die schwangere Mutter Jesu getrunken haben. Heute steht hier noch der Rest einer Moschee nebst gut erhaltenem Minarett.

Ein Stück weiter den Berg hinauf thront die katholische **Besuchskirche.** Sie wurde im 20. Jh. von einem

Mein Tipp

Einkehren in Ein Kerem

13 Mala Bistro €€, Rehov Ha-Ma'ayan 1, www.malabistro.co.il, Tel. 077 9977004, tägl. 9.30–2 Uhr. Ein Stück Frankreich im Heiligen Land findet man an der Hauptstraße des Ortes unweit der Bushaltestelle. Hier gibt es eine kleine, aber feine Speisekarte, man legt viel Wert auf Qualität und Service. Auch das Frühstück überzeugt.

14 Sweet'n Kerem €€, Mevo Ha-Sha'ar 3, www.sweetnkarem.co.il, Tel. 077 3781035, Café So.–Do. 8–20 Uhr, Fr. bis zwei Stunden vor Sonnenuntergang, Workshops auch ohne Voranmeldung So.–Do. 9–15 Uhr. Rund um den Dorfplatz finden sich zahlreiche Lokale. Dieses hier ist eine Schokoladenmanufaktur mit Café und Restaurant, die auch Workshops anbietet und selbst gemachtes Eis verkauft. Die Küche wartet mit mediterranen Klassikern auf, die man im einladenden Innenhof zu sich nehmen kann. Die freundliche Familie vermietet zudem drei kleine Apartments (s. S. 122).

▷ *Die goldenen Kuppeln des Gorny-Klosters (s. S. 64) in Ein Kerem*

MEIN TIPP

Die Chagall-Fenster

Westlich von Ein Kerem 46 befindet sich das **Hadassah University Hospital** (s. S. 114). Die Hadassah schuf etliche medizinische Einrichtungen im ganzen Land, weshalb dieses Krankenhaus, das Patienten ungeachtet ihres Glaubens oder ihrer Herkunft behandelt, bereits für den Friedensnobelpreis nominiert war. Ein kleines Infozentrum informiert über die Arbeit der Organisation, Highlight ist jedoch die **Krankenhaussynagoge,** für die **Marc Chagall** (1887–1985) in zweijähriger Arbeit zwölf wunderschöne Buntglasfenster schuf, die den zwölf Söhnen Jakobs gewidmet sind, aus denen gemäß hebräischer Bibel (Tanach) die zwölf Stämme Israels hervorgingen. Zunächst im Louvre ausgestellt, wurden die Fenster 1962 in Anwesenheit des Künstlers hierhergebracht und haben sich seither zu einem Publikumsmagneten entwickelt (Foto s. S. 5).

› So.–Do. 8.30–16 Uhr, Erw. 20 ₪, erm. 15 ₪, Kinder bis 10 Jahre frei, deutscher Audioguide

italienischen Architekten erbaut. Schenkt man der Bibel Glauben, soll Maria ihre hier lebende Cousine Elisabeth besucht haben. Einer apokryphen (nicht zum Bibelkanon gehörenden) Schrift zufolge wurden Elisabeth und Johannes der Täufer von den Truppen des Herodes verfolgt, woraufhin sich der Berg auftat und die beiden beschützte. Die Kirche selbst verfügt über schöne Wandmalereien.

Ebenfalls in den Bergen gelegen ist das russisch-orthodoxe **Gorny-Kloster,** in dem seit Jahrzehnten Mönche leben. Gleich drei Kirchen gibt es hier, eine davon ist der Muttergottes von Kasan geweiht, die in der gesamten orthodoxen Welt verehrt wird. Der Komplex wurde erst vor wenigen Jahren vollendet.

› **Anfahrt:** Bus 28 (etwa dreimal pro Stunde aus dem Zentrum)

★8 **Kirche Johannes' des Täufers,** im Sommer tägl. 8–12 und 14.30–17.45, im Winter nur bis 16.45 Uhr

★9 **Konvent der Schwestern und Brüder Zions,** tägl. ca. 9–17 Uhr

★10 **Marienquelle**

★11 **Besuchskirche,** Okt.–März tägl. 8–17 Uhr, April–Sept. tägl. 8–18 Uhr (jeweils mit längerer Mittagspause)

★12 **Gorny-Kloster**

Ausflüge in die nähere Umgebung

47 Bethlehem ★★★

Der rund 30.000 Einwohner zählende, hauptsächlich von Palästinensern bewohnte Ort im Westjordanland gilt gemäß Neuem Testament als Geburtsstätte Jesu und ist ein bedeutendes Ziel christlicher Pilger. Auch Juden ist die Stätte heilig, nehmen sie doch an, dass König David im nahen Beit Sahur geboren wurde. Muslime verehren Bethlehem, weil Mohammed hier Station gemacht haben soll.

Ein Besuch Bethlehems (Anfahrt s. S. 66) bietet einerseits eine interessante Abwechslung, hält aber andererseits Eindrücke bereit, die nicht leicht zu verarbeiten sind: Armut, Schmutz und nicht zuletzt die hohe **Mauer,** die für viele Palästinenser unüberwindbar scheint, ja, ein Gefängnis darstellt, sorgen bei vielen Besuchern für Bestürzung.

▷ *Die Geburtskirche in Bethlehem gilt Christen als bedeutsamer Pilgerort*

Die bedeutendste Sehenswürdigkeit Bethlehems ist die **Geburtskirche.** Ein erstes Gotteshaus wurde hier bereits unter Konstantin dem Großen angelegt und später erweitert sowie umgebaut. Es stellt eine der heiligsten Stätten der Christenheit dar und wurde an jenem Ort errichtet, an dem angeblich der Stall stand, in dem **Jesus** geboren wurde. Die meisten betreten die Geburtskirche heute gebückt durch das kleine Tor, das den Weg in die große Säulenhalle eröffnet. Der Standort der **Krippe** ist durch einen silbernen Stern markiert und über einen Abgang links des Altars erreichbar. Allerdings herrscht hier immer reger Betrieb: Entweder hält eine der Konfessionen, die die Kirche gemeinsam verwalten, gerade eine Messe ab oder Massen von Touristen und Gläubigen strömen in den kleinen Raum.

Neben der Geburtskirche steht die **Katharinenkirche,** die mit Ersterer verbunden und baulich in deutlich besserem Zustand ist. Sie wurde im 19. Jh. errichtet und wird vom Franziskanerorden verwaltet. Das helle Gotteshaus bildet einen klaren Kontrast zur dunklen Geburtskirche und verfügt zudem über einen idyllischen Kreuzgang mit der Statue des **hl. Hieronymus.** In den Grotten unter der Kirche wurde der berühmte Kirchenvater beigesetzt, nachdem er die Bibel ins Lateinische übersetzt und sich angeblich dort hatte einmauern lassen.

Direkt gegenüber der Geburtskirche thront die majestätische **Omar-Moschee** mit ihrem hübschen Minarett, die einzige Moschee in der Bethlehemer Altstadt. Sie ist nach Kalif Omar (581–644) benannt, der einst Jerusalem einnahm und hier betete. Das Gebäude stammt aus dem 19. Jh. und wurde in den 1950er-Jahren umfassend renoviert. Besonders in den Gassen nördlich der Moschee fühlt man sich endgültig wie in einem orientalischen Märchen.

Südöstlich an die Geburtskirche schließt sich die **Milchgrotte** an. Hier soll Maria beim Stillen Jesu ein Milchtropfen auf den Boden gefallen sein, weshalb die Grotte und die dazugehörigen Kapellen oft von Muslima und Christinnen mit Kinderwunsch aufgesucht werden. Eine der Kapellen birgt ein wundervolles, farbenfrohes Triptychon, das 2009 von Papst Benedikt XVI. gesegnet wurde.

045je-mb

MEIN TIPP

Street-Art in Bethlehem

Banksy is everywhere: Der weltweit vielleicht bekannteste Street-Art-Künstler hat in Bethlehem 47 nicht nur das berühmte **The Walled Off Hotel** (s. S. 67) gestaltet, sondern auch die **Mauer,** die die palästinensischen Autonomiegebiete von Israel trennt, und zahlreiche weitere Flächen in der Stadt mit seinen Kunstwerken versehen. Zudem hat er unzählige Nachahmer angezogen. Seit einigen Jahren kommen nicht mehr nur Pilger nach Bethlehem, sondern immer mehr mit Selfiesticks bewaffnete junge Touristen, die auf der Suche nach den Aufsehen erregendsten Werken sind. Einen guten Überblick, teils inkl. GPS-Koordinaten, geben die beiden unten genannten Websites. Wer sich nur einen Überblick über Banksys Kunst verschaffen will, betritt einfach die Lobby des Walled Off Hotels, sieht sich die gegenüberliegende Mauer an und bestaunt am Kreisverkehr das ikonische Bild der Friedenstaube mit kugelsicherer Weste, auf die ein Fadenkreuz gerichtet ist.

- › https://notesontraveling.com/banksys-bethlehem-street-art
- › www.gindeslebens.com/banksy-in-bethlehem-streetart

046je-mb

Ebenfalls in Bethlehem, aber **außerhalb des Mauerrings** und besonders bewacht, liegt **Rachels Grab,** eine der drei heiligsten Stätten des Judentums. Die von Moses Montefiore (s. S. 48) umgestaltete Grabanlage mit dem Sarkophag ist auch Christen und Muslimen heilig.

★**15 Geburtskirche,** Manger Square

★**16 Katharinenkirche,** Manger Square

★**17 Omar-Moschee,** Manger Square

★**18 Milchgrotte,** Milk Grotto Street, Sommerzeit: Mo.–Sa. 8–17.45, sonst Mo.–Sa. eine Stunde kürzer

★**19 Rachels Grab,** Achtung: Anfahrt mit Stadtbus 163 direkt aus Jerusalem

Anreise und Grenzkontrolle

Die Anreisemöglichkeiten sind vielfältig. Der Autor empfiehlt, mit einem israelischen oder palästinensischen **Bus** (z. B. Linien 163, 231, 234, 234a) bis zum **Checkpoint** zu fahren, dann zu Fuß über die Grenze zu gehen und anschließend ein **Taxi** bis zur Geburtskirche zu nehmen (Preis vorher aushandeln, mehr als 20 ₪ sind nicht angemessen, Fahrzeit ca. 10 Min.). Das offensive Werben um Taxikunden mag etwas verstörend wirken. Nach Besichtigung des Zentrums kann man sich mit dem Taxi zum Checkpoint fahren lassen, um dem nahe gelegenen **The Walled Off Hotel** (s. S. 67) einen Besuch abzustatten. Es ist nicht möglich, ein israelisches Taxi zu nehmen, das einen bis nach Bethlehem fährt. Alternativ kann man auch eine **organisierte Tour** buchen, im Netz gibt es zahlreiche Anbieter.

Banksy schenkte Bethlehem einige beeindruckende Werke

Für die Ein- und Ausreise ist der **Reisepass** nebst **israelischer Einreisekarte** vorzulegen. Als Europäer wird man oft einfach durchgewunken (und kann, wenn man dreist genug ist, mit seinem Pass wedeln und die Soldaten so auf sich aufmerksam machen). Mit etwas Pech kann die Kontrolle je nach Andrang aber auch ein bis zwei Stunden in Anspruch nehmen.

Essen und Trinken

20 Afteem €, Manger Square, Tel. 02 47940200972, Mo.–Sa. 8–23.30 Uhr. Das Afteem gibt es bereits seit 1948 an diesem Ort unweit der Geburtskirche, nachdem die Familie des Betreibers nach dem Israelischen Unabhängigkeitskrieg aus Jaffa hierher geflohen war. Man speist entweder in dem schönen Kellergewölbe oder bekommt Hummus, Falafel und andere Leckereien der palästinensischen Küche vorn an der Straße direkt auf die Hand.

Einkaufen

21 Christmas House, http://mychristmashouse.com, Mo.–Sa. 8–22, So. 9–22 Uhr. Unmittelbar neben der Milchgrotte befindet sich eine in vierter Generation geführte Werkstatt mit Verkaufsraum, in der reizvolle Produkte aus Olivenholz hergestellt werden. Bekannt ist die kleine Manufaktur vor allem für ihre Krippen in allen Formen und Größen, aber auch Ornamente, Ikonen und Kreuze werden hier hergestellt. Die Werkstatt kann kostenlos besichtigt werden.

22 Palestine Heritage Center, Manger Street, www.phc.ps, Mo.–Sa. 10–20 Uhr. Das Heritage Center ist eine Mischung aus Geschäft (u. a. Teppiche und Banksy-Literatur) und kleinem Museum, das das Leben der Palästinenser im frühen 20. Jh. thematisiert. Neben traditionellen Kostümen werden ein Zelt und eine dörfliche Wohnung präsentiert, alles kann kostenlos besichtigt werden. Einige Kostüme können auch käuflich erworben werden, der Erlös kommt den rund 30 palästinensischen Frauen zugute, die die aufwendigen Stücke in Heimarbeit herstellen.

047je-mb

Übernachten

23 The Walled Off Hotel €€€-€€€€, Caritas Street 182, http://walledoffhotel.com. Diese von Banksy, Sami Musa und Dominique Petrin gestaltete Unterkunft gleicht einem Kunstwerk und fungiert gleichzeitig als (teilweise bedrückendes) Museum des Nahostkonflikts (EG) und Kunstgalerie (1. OG). Besucher können die Lobby kostenlos besichtigen. Wer an dem sympathischen Affenconcierge vorbeigeht, kann an der „Rejection" einchecken und dann eines der nicht eben günstigen Zimmer beziehen, von denen die teuersten einen direkten Blick auf die Mauer bieten.

Im Christmas House kann man den Künstlern bei ihrer Arbeit zuschauen

48 Herodium ★★

Südöstlich von Bethlehem 47 setzte sich **Herodes der Große** (ca. 73–4 v. Chr.) selbst ein Denkmal: Er schuf eine kleine Stadt mit einer **Palastanlage**, in die er einen Teil seiner Amtsgeschäfte verlagerte, und legte dort sein zukünftiges Grabmal an. Nachdem er festgestellt hatte, dass man Jerusalem von hier aus nicht sehen konnte, ließ er einen kleinen Hügel zu einem riesigen künstlichen Berg aufschütten, der heute einen **fantastischen Ausblick** auf die Stadt bietet und auch die Reste der insgesamt gut erhaltenen Palastfestung birgt. Die Anlage wurde erst 2007 von Archäologen entdeckt und stellte damals eine Sensation dar. Herodium ist unter israelischer Kontrolle und von Jerusalem problemlos zu erreichen.

Heute lässt sich der Palast besichtigen, wobei insbesondere die **Badeanlage** mit der ältesten erhaltenen Kuppel des Landes, die **Empfangshalle** (während des Aufstandes der Juden gegen die Römer diente dieser Teil als Synagoge) und der **Hauptturm** gut erhalten sind.

Anschließend geht es in den Untergrund: Die **Tunnel** dienten der Bewässerung der Festung, beim Aufstand gegen die Römer fungierten sie zudem als Versteck. Die Festung wurde, wie viele andere in der Wüste Judäa, von den Aufständischen gehalten, als Jerusalem bereits in Flammen stand. Außerdem ist ein **Theater** aus jener Zeit erhalten und natürlich das Grab des Herodes.

Vom Berg eröffnet sich eine gute Sicht auf das sogenannte **Untere Herodium**, einen Gebäudekomplex im Tal, der ebenfalls aus jener Zeit stammt und von den Byzantinern später um einige Gebäude ergänzt wurde. Neben Badeanlagen umfasst diese Anlage auch Wohngebäude und die Reste mehrerer Kirchen.

› **Anfahrt:** Bus 374 oder 366 ab Hevron Road/Giv'at HaMatos (je nach Verkehrslage und Checkpoints 20–45 Min.). Unbedingt den **Reisepass** mitnehmen, da unterwegs ein militärischer Checkpoint passiert wird.
› www.parks.org.il/en/reserve-park/herodium-park, So.–Do. und Sa. 8–17, Fr. 8–16 Uhr (im Winter jeweils eine Stunde kürzer), vor Feiertagen bis 13 Uhr, Erw. 29 ₪, erm. 15–25 ₪ (Audioguide zusätzlich 10 ₪)

Die Entdeckung des Herodiums war 2007 eine archäologische Sensation

JERUSALEM ERLEBEN

092je-as©ruslankphoto/Ruslan Kalnitsky - stock.adobe.com

Jerusalem für Kunst- und Museumsfreunde

Jerusalem punktet mit zahlreichen Museen und Gedenkstätten, wobei vor allem das Angebot an **historischen Museen** riesig ist. Wie so vieles sind auch Jerusalems Museen ein Politikum: Nicht immer ist die Darstellung zu 100 % ausgewogen, so spielt die Perspektive der Palästinenser in der Museumslandschaft kaum eine Rolle. Aufgrund der zahllosen Einwanderer und Touristen aus aller Welt sind Infotafeln und Erläuterungen meist auf Englisch und Russisch, gelegentlich auch auf Deutsch vorhanden.

Museen

24 Agnon House, Rehov Klausner 16, https://agnonhouse.org.il, Tel. 02 6714588, Mo.–Sa. 10–14 Uhr, Erw. 20 ₪, erm. 15 ₪, kostenloser englischer Audioguide. Im ehemaligen Haus des aus der Ukraine stammenden Literaturnobelpreisträgers Shmuel (Samuel) Agnon, einem der wenigen erhaltenen Gebäude im Bauhausstil in Jerusalem, kann man sich über das Leben des Ausnahmeschriftstellers informieren, dessen literarisches Schaffen sich mit verschiedenen Textebenen und Variationen des Hebräischen befasst. Im Obergeschoss sind Bibliothek und Arbeitszimmer des Autors noch exakt in dem Zustand, in dem man sie vor Jahrzehnten vorfand.

25 [dk] **Beit HaRav Kook,** Rehov Rav Kook 9, Tel. 02 6232560, So.–Do. 9–16 Uhr, Erw. 20 ₪, erm. 12 ₪. Abraham Kook gilt als einer der bedeutendsten Rabbiner, Mystiker und Religionsphilosophen der Neuzeit. In seinem Wohnhaus, das der erste aschkenasische Oberrabiner bis zu seinem Tod 1935 bewohnte, kann man sich anhand historischer Exponate und des Mobiliars einen umfangreichen Überblick über Kooks Wirken verschaffen.

40 [am] **Bible Lands Museum.** Die Ausstellung gibt anhand wertvoller archäologischer Fundstücke einen tiefen Einblick in die Alltagskultur der im heutigen Israel zu biblischen Zeiten siedelnden Völker (s. S. 55).

› **Bloomfield Science Museum** (s. S. 114). Interessantes Museum, das gerade für kleine Entdecker eine angenehme Abwechslung zur Vielzahl der historischen oder religiösen Ausstellungen bietet.

26 [B5] **Chamber of the Holocaust,** Ma'ale Shazkh, So.–Do. 10.30–18 Uhr, 10 ₪. Die bereits 1949 eingeweihte Gedenkstätte ist ein bedrückender Ort, der auf eindrückliche Weise an die Schoah erinnert. Neben Hinterlassenschaften von KZ-Häftlingen beeindrucken vor allem die Reste mehrerer Thora-Rollen, die vor der Vernichtung gerettet werden konnten, und die Gedenkplatten an den Wänden, die an 2000 von den Nazis ausgelöschte jüdische Gemeinden in ganz Europa erinnern.

27 [dk] **Friends of Zion Museum,** Rehov Yosef Rivlin 20, www.fozmuseum.com, Tel. 02 5329400, So.–Do. 10–17, Fr. 9–15 Uhr, Erw. 44 ₪, erm. 33 ₪. Im Rahmen einer geführten Tour (nach Voranmeldung auch auf Deutsch) kann man die Errichtung des Staates Israel mit den Augen von Nichtjuden erleben, die die zionistische Idee unterstützten. Das vielleicht modernste Museum der Stadt

‹ Vorseite: Süße Verlockungen auf dem Mahane-Yehuda-Markt **42**

› Das Hebrew Music Museum bietet Einblicke in die Musikgeschichte

beeindruckt und berührt durch seine ergreifende Darstellung des Holocaust. Auch die Biografien der vielen unbekannten Unterstützer der zionistischen Idee imponieren. Gänzlich ausgeklammert wird allerdings die palästinensische Perspektive.

M 28 [dk] **Hebrew Music Museum,** Rehov Yo'el Moshe Salomon 10, https://hebrewmusicmuseum.com, Tel. 02 5406505, So.-Do. 10-19, Fr. und feiertags 10-14 Uhr, Erw. 60 ₪, erm. 40-45 ₪. Interaktive Ausstellung, die die ganze Vielfalt jüdischer Instrumente aus allen Kulturkreisen zum Klingen bringt. Wer einmal selbst buchstäblich auf die Pauke hauen, ins Horn stoßen oder aber eine Virtual-Reality-Reise zum salomonischen Tempel unternehmen möchte, kommt hier ebenso auf seine Kosten.

M 29 [dl] **Hechal Shlomo Jewish Heritage Center,** King George Street 58, https://hechalshlomo.org.il (nur auf Hebräisch), Tel. 02 5889010, So., Do. 9-15, Di. 9-18, Mi. 9-17 Uhr, Erw. 20 ₪, erm. 10 ₪. Im ehemaligen Sitz des Oberrabbiners von Israel ist heute ein Kulturzentrum untergebracht. Das Wolfson Museum im dritten Stock zeigt moderne jüdische Kunst, Judaika aus aller Welt und als Highlight eine Synagoge, die sich aus verschiedenen Teilen aus aller Herren Länder zusammensetzt. Ferner ist das Arbeitszimmer von Isaac Herzog aus den 1950er-Jahren zu sehen, der Kinder vor dem Holocaust rettete und Israels zweiter aschkenasischer Oberrabbiner war.

M 30 **Herzl Museum,** Herzl Boulevard, www.herzl.org.il, Tel. 02 6321515, nur im Rahmen einer Führung zu besichtigen (Deutsch oder Englisch, am besten einen Tag vorher anrufen), Erw. 25 ₪, erm. 15 ₪. Zum 100. Todestag von Theodor Herzl (s. S. 60) in seiner heutigen Form gestaltetes Museum, das die Geschichte des Zionismus und Herzls Leben auf ungewöhnliche Weise darstellt: Man folgt einem jungen Schauspieler, der die Rolle Herzls übernehmen soll und während der Vorbereitung allerhand über den Visionär lernt, man nimmt so am Zionistenkongress teil und besucht Herzls original erhaltenes Arbeitszimmer.

39 [am] **Israel Museum.** Das bedeutendste Museum des Landes bietet einen umfassenden Einblick in die Geschichte Israels (s. S. 53).

M 31 [dk] **Kokia House,** Rehov HaRav Agan 10, www.kokiahouse.org, Tel. 02 6543385, So.-Do. 9-17 Uhr, Besuch nur nach Voranmeldung, Eintritt frei. Das zentrale Thema der kleinen Ausstellung ist das „Gelobte Land". Durch einen schönen Film und antike Ausstellungsstücke wird die Bedeutung der Natur und ihrer Früchte für die abrahamitischen Religionen herausgestellt. Im Zentrum stehen sieben Gaben der Natur, die erstmals im Deuteronomium (5. Buch Moses) als besonders verheißungsvoll benannt werden. Nicht spektakulär,

059je-mb

aber im an Konflikten nicht eben armen Jerusalem eine wohltuend integrative Ausstellung, die im Rahmen einer gut gemachten Führung erkundet wird.

36 [cn] **Museum for Islamic Art.** In dem Haus in der Neustadt kann man dank zahlreicher Exponate in die islamische Kunst eintauchen (s. S. 51).

M 32 [dk] **Museum of Italian Jewish Art,** Rehov Hillel 25, https://en.moija.org, Tel. 02 5801144, So., Di.-Do. 10.30-16.30 Uhr, Erw. 25 ₪, erm. 10-15 ₪. Im Gebäude einer ehemaligen deutschen katholischen Pilgerunterkunft, deren wunderschönen Speisesaal man im Erdgeschoss bewundern kann, ist heute ein Museum untergebracht, das sich der reichen Kunstgeschichte der jüdischen Gemeinden in Italien widmet. Das Highlight ist jedoch eine original erhaltene barocke Synagoge aus Italien, die nach dem Zweiten Weltkrieg hier wiederaufgebaut wurde und der italienischstämmigen jüdischen Gemeinde Jerusalems noch heute als Gotteshaus dient. Einige Beschriftungen sind auf Englisch, vieles aber nur auf Hebräisch.

2 [B3] **Museum of the History of Jerusalem im Tower of David.** Die Davidszitadelle informiert über die Stadtgeschichte, zwar nicht sehr tiefgehend, man erhält jedoch einen guten ersten Überblick (s. S. 19).

M 33 [ek] **Museum of Underground Prisoners,** Rehov Mish'ol ha-Gvura, Tel. 02 6233166, http://hamachtarot.blogspot.com, So.-Do. 9-17 Uhr, Erw. 15 ₪, erm. 10 ₪. Im alten russischen Viertel funktionierten die britischen Machthaber eine Pilgerunterkunft in ein berüchtigtes Gefängnis um, in dem u. a. auch Anhänger der Hagana und anderer zionistischer Untergrundorganisationen einsaßen und teilweise noch nach dem Zweiten Weltkrieg hingerichtet wurden. Heute kann man fast alle Räumlichkeiten der Anlage besichtigen, alles wirkt noch so, als wären die Gefangenen nur eben auf dem Hofgang.

M 34 [ej] **Museum on the Seam,** Rehov Kheil ha-Handasa 4, Tel. 02 6281278, www.mots.org.il, Mo., Mi., Do. 10-17, Di. 14-20, Fr. 10-14 Uhr, Erw. 35 ₪, erm. 30 ₪, bis 14 Jahre Eintritt frei. Das „Museum auf der Naht“, untergebracht in einem alten militärischen Außenposten, an dessen Fassade noch deutlich Einschusslöcher zu erkennen sind, steht direkt an der Grenze zweier Welten: hier das Muslimische Viertel, dort das ultraorthodoxe Me'a She'arim 43. Man hat es sich zur Aufgabe gemacht, Gräben zu überwinden und die verschiedenen Facetten und Lebenswirklichkeiten der Stadt in Form von Wechselausstellungen zu politischen und sozialen Themen zu zeigen, v. a. in Form von Videos und Fotografien. Ein ungewöhnlicher, zugleich versöhnlicher Ort.

M 35 B4] **Old Yishuv Court Museum,** Rehov Or HaChaim 6, www.oyc.co.il, Tel. 02 6276319, März-Nov. So.-Do. 10-15, Fr. 10-13 Uhr, Erw. 20 ₪, erm. 10-15 ₪. In einem 500 Jahre alten Gebäude erfährt man viel über das Alltagsleben von Familien im Jüdischen

Das Museum for Islamic Art 36 zeigt Schätze verschiedener Epochen

Viertel während der vergangenen Jahrhunderte. Hier wurde im 16. Jh. Ariha Kadosh geboren, einer der bekanntesten und einflussreichsten Kabbalisten. Früher befand sich hier auch eine Synagoge.

36 Palestinian Heritage Museum, Rehov Abu Obaidah Al-Jarrah, www.dta-museum.org/en, Tel. 02 6272531, Mo.–Mi., Sa. 9–15, Do. 9–18 Uhr, Erw. 20 ₪, erm. 10 ₪. Auf mehreren Ebenen erhält man in einem Gebäude aus dem 19. Jh. einen Einblick in das Alltagsleben der Palästinenser.

31 [gj] **Rockefeller Museum.** Architektonisch eindrucksvolles Museum mit bedeutenden archäologischen Funden aus Jerusalem, Jericho und anderen Orten der Region (s. S. 45).

37 [C4] **The Burnt House,** östlich der Nisan-Bek-Synagoge, www.rova-yehudi.org.il/sites/the-burnt-house, Tel. 02 6265906, So.–Do. 9–17, Fr. 9–13 Uhr, Erw. 20 ₪, erm. 10 ₪. In dem Haus aus der Zeit des zweiten Tempels im Jüdischen Viertel der Altstadt lebte einst die Rabbinerfamilie Kathros, ehe der Bau 70. n. Chr. von den Römern niedergebrannt und seine Bewohner getötet wurden. Neben einigen Fundstücken wird eine kleine Multimedia-Show gezeigt (alle 40 Min., auch auf Englisch), die über die Ereignisse informiert.

38 [C4] **The Wohl Archaeological Museum,** Rehov Ha-Kara'im, www.rova-yehudi.org.il/sites/the-herodian-quarter-the-wohl-museum, So.–Fr. 9–18 Uhr, im Winter 1 Std. kürzer, Erw. 20 ₪, erm. 10 ₪. Im Herodianischen Viertel, einem Teil des Jüdischen Quartiers, wurden nach dem Sechstagekrieg etliche archäologische Stätten entdeckt. Das Museum zeigt sechs teils gut erhaltene antike Häuser, die wohlhabenden Juden der Oberschicht gehört haben und mit reichen Mosaiken, Wandgemälden und Stuckarbeiten versehen sind. Auch einige Fundstücke werden präsentiert.

39 [dk] **Ticho House,** Rehov HaRav Agan 10, www.imj.org.il/en/wings/arts/ticho-house, Tel. 02 6453746, Mi./Do. 12–20, Fr. 10–14 Uhr, Eintritt frei. Frisch renoviertes Haus von Abraham und Anna Ticho. Ersterer war ein berühmter Augenarzt, während Anna eine bekannte Malerin war. Gezeigt werden Kunstausstellungen zu verschiedenen Themen, aber auch Gegenstände der Familie und die berühmte Sammlung von Chanukka-Leuchtern des Arztes. Im Obergeschoss ist das hervorragende Lokal Anna (s. S. 79) untergebracht.

45 **Yad Vashem.** Die beeindruckende zentrale Holocaust-Gedenkstätte umfasst neben einer zentralen Ausstellung einen weitläufigen Park mit der Allee der Gerechten (s. S. 60).

MEIN TIPP

Hansen House

Die Tempelgesellschaft (s. S. 50) betrieb ab Ende des 19. Jh. am Rande der German Colony **35** eine **Leprakolonie,** die sich um dieses großzügige Anwesen konzentrierte. Ursprünglich unter dem Namen „Jesus Hilfe" bekannt, diente sie noch bis vor wenigen Jahren als zentrales Leprakrankenhaus Israels. Heute ist hier ein lebendiges **Kulturzentrum** untergebracht, in dem **kostenlose Ausstellungen und Installationen** gezeigt werden, häufig unter Einsatz moderner Medien. Ein kleiner Bereich informiert zudem über die Geschichte des Ortes. Eine Erfrischung erhält man im ausgezeichneten **Ofaimme Farm Cafe** (s. S. 81).

40 [dn] **Hansen House,** Rehov Gdalyahu Alon 14 (wenn das Tor zu ist, nimmt man den Eingang durch das Café ums Eck), Bus 1318, http://hansen.co.il, Tel. 02 5793702, Mo.–Do. 10–18, Fr. 10–16, Sa. 10–18 Uhr, Eintritt frei

Galerien

41 [el] **Rakia Gallery,** Rehov Shlomzion Ha-Malka 18, http://david-rakia.com, So.-Do. 11-18, Fr. 10.30-13.30 Uhr. Kleine Galerie mit Arbeiten des aus Wien stammenden Jerusalemer Künstlers David Rakia, der in seinen bunten Gemälden religiöse und spirituelle Motive aufgreift. Auch andere lokale Künstler sind hier vertreten.

42 [B4] **The Museum of Psalms,** Rehov Chabad 56, http://themuseumofpsalms.com, So.-Do. 10-17 Uhr, Fr. nach Anmeldung. Kleine Galerie mit Arbeiten von Moshe Tzvi Halevi Berger, eines vor wenigen Jahren verstorbenen Künstlers, der den Holocaust überlebte. Er schuf Bilderzyklus, der 150 Werke umfasst, die je ein Kapitel der Psalmen zum Thema haben. Hier kann man zwar nicht die Originale erstehen, dafür aber Drucke und Kopien. Laut Bergers Testament ist dies der einzige Ort, an dem seine Werke im Original gezeigt werden dürfen. Ein schönes Mitbringsel sind die von 150 verschiedenen Künstlern illustrierten Psalme, die man in Buchform erstehen kann.

› In der **Künstlerkolonie Hutzot Hayotzer** 32 befinden sich gleich mehrere Galerien israelischer Maler.

051je-mb

Jerusalem für Genießer

Speisen

Israel ist ein Einwandererland. Dementsprechend vielfältig präsentiert sich auch seine Küche – in der Tat ist sie ein bunter Mix aus orientalischen, mediterranen und osteuropäischen Einflüssen. Die **arabische Küche** ist allgegenwärtig, beide haben sich gewissermaßen zu einem bunten Teppich der Kochkunst verwoben. So gilt Israel zu Recht als eines der kulinarisch reichsten und vielfältigsten Länder der Welt.

Eines der beliebtesten Gerichte überhaupt ist **Shakshuka**, eine fruchtig-scharf gewürzte Paprika-Tomaten-Pfanne, in der vorsichtig Eier platziert und pochiert werden. Das ursprünglich aus Nordafrika stammende Gericht hat sich zu einem nationalen Frühstücksklassiker entwickelt und darf in keinem israelischen Café auf der Speisekarte fehlen.

Allgegenwärtig und bei Arabern wie Israelis gleichermaßen beliebt ist **Hummus.** Hierbei handelt es sich um pürierte Kichererbsen, die mit *tahina* (Sesampaste) vermengt und dann individuell gewürzt werden. In so manchem Supermarkt ist die Hummus-Kühltheke so groß wie die Alkoholabteilung. Als Tourist kommt man mit der leckeren Beilage zwangsläufig in Kontakt, denn sie wird in Restaurants oft als Vorspeise serviert. Ähnlich ver-

Traditionelles Frühstück: Herzhaftes Shakshuka und dazu ein kräftiger Kaffee – so kann der Tag beginnen!

hält es sich mit **Baba Ganoush**, das ebenfalls auf *tahina* basiert, aber als Hauptzutat Auberginen verwendet. Die Auberginen haben oft einen rauchigen Eigengeschmack, weshalb das Gericht für viele europäische Gaumen erst einmal ungewöhnlich schmeckt. Sowohl Hummus als auch Baba Ganoush werden in der Regel nicht mit dem Löffel gegessen, sondern mit **Pitabrot** aufgewischt, das zu jeder Mahlzeit in großen Mengen gereicht wird.

Auch **Salate** finden sich in zahlreichen Variationen. Besonders beliebt ist das arabische **Taboulé** mit Petersilie, Bulgur oder Couscous, Tomaten, Frühlingszwiebeln und Zitronensaft.

Gefülltes Gemüse steht auf der Hitliste ebenfalls ganz oben: Ob Auberginen, Paprika oder Tomaten, fast jedes Gemüse wird mit Reis-, Bulgur- oder Couscousfüllung und entsprechenden Toppings wie Granatapfelkernen serviert – verkauft werden sie oft in den kleinen Imbisslokalen, die es an jeder Ecke gibt.

Ein Klassiker der veganen Küche ist das auch bei uns bekannte **Falafel.** Die kleinen frittierten Kichererbsenbällchen werden meist mit Hummus serviert, oft auch mit Petersilie und Tomaten in Mini-Pitabroten. Sie sind ein beliebter Snack für zwischendurch.

Shish Kebab, also Fleischspieße, gibt es auch in Europa, aber die lokale Variante ist stärker gewürzt, wobei häufig der beinahe allgegenwärtige Koriander zum Einsatz kommt. Ähnlich verhält es sich mit **Shawarma,** das dem bekannten Döner Kebap ähnelt. **Shamburak** ist eine kleine gefüllte und frittierte Teigtasche, die man auch auf die Hand bekommt.

Kube oder **Kibbeh** stammen aus der sephardischen Küche. Hierbei handelt es sich um kleine, in Teig oder Bulgur eingerollte Hackfleischklöße, die meist stark gewürzt sind und in einer leckeren Suppe aus Okraschoten und Kräutern schwimmen, alternativ aber auch mit Hummus, Knoblauchquark oder Reis gereicht werden. Gerade am Schabbat ist dies ein sehr beliebtes Gericht.

Klassiker der **aschkenasischen Küche** sind „gefilte Fisch“, eine kalte Vorspeise aus Fischfarce (Fisch wird ansonsten in Jerusalem eher selten serviert), *kugel,* ein Auflaufgericht, und *tscholent,* ein Eintopf.

Süßschnäbel und Fans von **Desserts** finden in Jerusalem ganz bestimmt Erfüllung, hält doch der Orient derart viele süße Verlockungen bereit, dass man die Qual der Wahl hat. **Kunafah** oder **Knefe** ist eine palästinensische Käse-Süßspeise, die auf einem flachen Blech zubereitet wird und mal fest, mal in kleinen Fäden daherkommt, aber stets mit warmem Zuckersirup übergossen und oft mit Pistazien garniert wird. Auch das in Mitteleuropa längst etablierte **Baklava** findet man an jeder Ecke, meist bieten es Zuckerbäcker neben Knefe auf den Märkten an. Daneben ist **Halva** sehr beliebt: Hier dient *tahina* als Basis, hinzu kommen Nüsse oder Sonnenblumenkerne. Halva ist mal bröselig, mal saftig und eignet sich aufgrund seiner längeren Haltbarkeit gut als Mitbringsel. **Muhallebi** oder **Malabi** wird ein Milchpudding genannt, der mit allem garniert werden kann, was Schleckermäuler sich nur vorstellen können. Eine beliebte Zutat für viele Nachspeisen ist übrigens Marzipan, etwa als Füllung für Datteln oder Basis für Kekse.

Bleibt nur noch zu wünschen: „Bete avon“ und „shahiya taiba“ – Guten Appetit!

⊡ *Ein Wachmacher: Der israelische Kaffee gilt als ausgesprochen stark*

Getränke

Wasser ist in vielen Lokalen inklusive. Auch **Leitungswasser** kann getrunken werden, schmeckt allerdings manchmal nicht besonders. Die Stadtverwaltung hat überall in Jerusalem **Trinkbrunnen** aufgestellt, an denen man seinen Durst stillen oder seine Wasserflaschen auffüllen kann, einige private Institutionen wie Museen tun dies inzwischen auch.

Die **Kaffeekultur** ist stark ausgeprägt und ein bunter Mix aus europäischen Kaffeehausidealen (Zeitung lesen bei Kaffee und Kuchen) und arabischen Einflüssen (hier wird Gebäck oder Käse dazu gereicht). Man erhält sowohl den in Mitteleuropa bekannten Filter- oder Siebkaffee als auch die orientalische, stärkere und z.B. mit Kardamom gewürzte Variante.

Auch **Saft** *(mitz)* wird gern und viel getrunken. Auf Märkten und am Straßenrand bieten kleine Stände frisch gepresste Säfte feil, wobei auch in Mitteleuropa unbekannte Sorten in den Becher kommen – einfach ausprobieren und überraschen lassen!

Alkohol ist relativ teuer. Im Lokal zahlt man gut und gerne 30 bis 40 ₪ (ca. 7,50–10 €) für ein großes **Bier**, auch in den Geschäften ist es teuer. Mitunter gibt es von einer Marke Bier mit geringerem Alkoholgehalt, das dann deutlich günstiger ist. Israelischer **Wein** genießt einen exzellenten Ruf und stammt meist aus dem Norden des Landes. Eine wahre Renaissance hat in den letzten Jahren der **Anisschnaps Arak** erlebt, der mittlerweile auch Teil vieler Cocktails ist. Inzwischen auch in Deutschland erhältlich ist die Trendspirituose **Tubi 60**, erkennbar an der schwarzen Friedenstaube auf dem Etikett. Ihr Geschmack lässt sich nur schwer beschreiben, da über 60 verschiedene Zutaten enthalten sind, darunter Kräuter, Blumen und Ingwer.

Von 23 bis 6 Uhr darf in Geschäften grundsätzlich **kein Alkohol verkauft** werden, Gastronomiebetriebe dürfen ihn aber ganz normal ausschenken. In von Muslimen geführten Lokalen wird man keinen Alkohol erhalten, in jüdisch geführten nur koscheren Alkohol (s. S. 77).

Im Restaurant

Es ist üblich, am Eingang eines Lokals darauf zu warten, dass einem ein **Platz zugewiesen** wird.

Auch wenn die **Restaurantpreise** meist hoch ausfallen, so sind die **Portionen** in der Regel mehr als reichhaltig. Salate etwa haben oft die doppelte Größe wie hierzulande. Außerdem werden häufig noch kostenlose Kleinigkeiten zusätzlich serviert: Brot, Gürkchen, kleine Salate oder Hummus gehören in vielen Lokalen ebenso selbstverständlich dazu wie kostenloses Wasser und ersetzen oft die klassische Vorspeise.

Trinkgeld ist üblich, 10 bis 15 Prozent des Rechnungsbetrags sind angemessen, auch weil der Servicegedanke stark ausgeprägt ist und man mit weniger Trinkgeld andeutet, man sei mit der Bedienung nicht zufrieden. Manchmal wird auch automatisch eine **Servicepauschale** erhoben, die auf der Rechnung deutlich kenntlich gemacht werden muss – dann ist ein Trinkgeld nicht unbedingt nötig.

Restauranttipps

Israelisch-arabische Küche

43 [D1] **Al Baghdadi Restaurant** €, in einer dunklen Gasse unweit des Löwentors, ausgeschildert, tägl. 8–21 Uhr. In dem wenig touristischen Teil des Muslimischen Viertels bekommt man den laut Meinung vieler besten Kebab der Stadt – und das mittlerweile in dritter Generation. Dem Koch bei der Zubereitung der Gerichte von der aufgeräumten Speisekarte zuzusehen, ist ein Erlebnis an sich.

44 [ck] **Aricha Sabich** €, Agrippa Street 83, Tel. 055 6697787, www.arichas.co.il, So.–Do. 9.30–23, Fr. 9.30–14.30 Uhr. Am Rand des Mahane-Yehuda-Markts wartet ein unscheinbarer kleiner Imbiss mit authentischem israelischem

Koscher und halal

Viele Lokale werben damit, **koscher** (jüdisch) oder **halal** (muslimisch) zu kochen. Beide Begriffe beziehen sich auf religiöse Speisevorschriften und bezeichnen jeweils erlaubte Lebensmittel. In beiden Religionen gibt es unreine Tiere (z. B. Schweine) und der Verzehr von Blut ist nicht erlaubt. Aus diesem Grund werden viele Tiere geschächtet, ihnen wird also ohne Betäubung die Kehle durchschnitten, damit sie möglichst vollständig ausbluten.

In der **koscheren Küche** wird zwischen „fleischigen", „milchigen" und „neutralen" Lebensmitteln unterschieden, die nicht miteinander in Berührung kommen sollten, was zahlreiche Zubereitungsregeln (und eine Vielzahl an Küchenutensilien) erfordert. Wasserlebewesen müssen über Schuppen und Flossen verfügen, um als koscher zu gelten – Seafood-Fans finden also vor Ort nur wenige Lokale, in denen Meeresfrüchte serviert werden.

Für **Muslime** gelten etwas andere Vorschriften. Auch hier sind bestimmte Tiere tabu, eine Unterscheidung in einzelne Lebensmittelgruppen wird aber nicht getroffen. Verboten *(haram)* ist Alkohol, weshalb in palästinensischen Lokalen, sofern diese nicht von Christen geführt werden, auch keine alkoholischen Getränke verlangt werden sollten.

Essen am Schabbat

Die Anzahl der Lokale in der Heiligen Stadt, die am Schabbat (s. S. 116) geöffnet haben, ist doch sehr überschaubar. Dennoch muss dann niemand hungrig bleiben. Neben den fast durchweg geöffneten Imbissen und Restaurants in der Altstadt (abgesehen vom Jüdischen Viertel) bieten folgende Einrichtungen Speisen an:

- **cafe sira** (s. S. 81): Das beliebte Café hat sieben Tage die Woche geöffnet.
- **Smadar** (s. S. 81): Das italienische Lokal hat freitags bis 24 Uhr und am Samstag schon ab 9 Uhr geöffnet und wird dann von einer Vielzahl von Gästen aufgesucht, daher besser früh kommen.
- **Talbiye** (s. S. 81): Das französisch inspirierte Restaurant bewirtet seine Gäste auch samstags.

054je-mb

Streetfood auf. Hier gibt es u. a. köstlich gefüllte Pitataschen.

45 [cj] **Azura** €-€€, Rehov Shekol 4, Tel. 02 6235204, So.–Do. ab mittags geöffnet. Von der hübschen Terrasse am Rand des Mahane-Yehuda-Markts kann man direkt in die Küche schauen und dabei zusehen, wie in den großen Töpfen die leckeren israelischen Hausmannsgerichte vor sich hin köcheln. Spezialität des Hauses ist das Azura, eine ausgehöhlte Aubergine mit Hackfleisch, Pinienkernen und Zimtsoße (!).

Gastro- und Nightlife-Areale

Bläulich hervorgehobene Bereiche in den Karten kennzeichnen Gebiete mit einem dichten Angebot an Restaurants, Bars, Klubs, Discos etc.

Preiskategorien

€	bis 15 €
€€	15–30 €
€€€	ab 30 €

Die Preise beziehen sich auf ein Hauptgericht ohne Vorspeise oder Getränke.

46 [C3] **City of Peace** €-€€, nördlich der Klagemauer in einer kleinen Gasse, auf Facebook, Sa.–Do. ab frühmorgens geöffnet. Arabisches Lokal, das auch Frühstück serviert. Etwas touristisch, aber die Betreiber sind freundlich, der Service ist aufmerksam und das Ambiente mit Divanen und Kacheloptik durchaus stimmungsvoll.

47 [cm] **From Gaza to Berlin** €, Rehov Azza 19, https://fromgazatoberlin.rest.co.il, Tel. 02 5666786, So.–Do. 10–22, Fr. 10 Uhr bis 1 Std. vor Schabbatbeginn. Hinter dem Lokalnamen verbirgt sich keine politische Botschaft, vielmehr wird auf die Lage an einer Kreuzung angespielt. Dass Touristen den köstlichen Hummus und die ausgezeichnete Kube-Suppe (gefüllte Bulgur-Klöße) bisher weitgehend verborgen geblieben sind, mag an der Lage des Lokals abseits der Touristenpfade liegen – oder an der etwas nüchternen Atmosphäre.

48 [cj] **Hadar Geula** €, Rehov Malkei Israel 13, So.–Do. 9–21, Fr. 8–15 Uhr. Kleiner, für das Viertel Me'a She'arim typischer Imbiss und Laden mit koscheren Lebensmitteln, die man im hinteren Raum zu sich nehmen kann. Die typisch chassidischen Speisen sind schmackhaft und bodenständig, das Ambiente ist eher schlicht.

49 [ck] **Hummus Pinati** €, King George Street 13, Tel. 02 6254540, So.–Do. 8–19, Fr. 8–15 Uhr. Viel macht der kleine Imbiss im Herzen der Neustadt von außen nicht her: ein paar billige Stühle, wenig Platz. Warum er trotzdem seit Jahren als Kultlokal gilt, liegt an den sehr günstigen Preisen und dem freundlich-zuvorkommenden Service, mit dem der fabelhafte Hummus hier serviert wird.

Einfache Lokale wie das Azura sind optisch unspektakulär, aber kulinarisch oft eine Offenbarung

50 [bj] **Ishtabach** €, Rehov Beit Ya'akov 1, auf Facebook, So.-Mi. 12-24, Do. 12-1, Fr. 11-15 Uhr. In dem syrisch-kurdischen Lokal wird die Spezialität Shamburak (frittierte Teigtaschen) zubereitet. Das eigentlich einfache Gericht kann hier mit verschiedenen Toppings bestellt werden und ist auch optisch ein echter Hingucker.

51 [bj] **Machneyuda** €€-€€€, Rehov Beit Ya'Akov 10, www.machneyuda.co.il, Tel. 02 5333442, So.-Do. 12.30-16 und 18.30-24, Fr. 11-15, Sa. 18.30-24 Uhr. Schon die offene Küche ist ein Hingucker. Vor den Augen der Gäste werden israelische Klassiker modern interpretiert und auf höchstem Niveau zubereitet. Wenn die Stimmung besonders gut ist, fangen die Köche auch schon mal an zu musizieren. Vom selben Betreiber stammt auch das Lokal **Yudale** gleich gegenüber mit ähnlichem Konzept, das abends von jungen Israelis besucht wird, die nach dem Essen einen Drink genießen und anschließend ins Nachtleben starten.

52 [bj] **Morduch** €, Agripas Street 70, https://morduch.com, Tel. 02 6245169, So.-Fr. 9-16 Uhr. Familiengeführtes Lokal mit sehr guten Preisen am Mahane-Yehuda-Markt, das sich bei den Einheimischen großer Beliebtheit erfreut. Spezialität sind die Kube-Variationen, für nur 5 ₪ extra erhält man mehrere Teller mit typisch israelischen Vorspeisen.

53 [fj] **Samer** €, Rehov E-Zahra 5, Tel. 02 62975511, So.-Do. 10-21 Uhr. Bei Samer gibt es genau eine Speise: Schawarma – und das in Perfektion. Dazu gibt es unzählige Toppings, viel Lokalkolorit und ein absolut authentisches arabisches Geschmackserlebnis.

Internationale Küche

› **Anna,** im Ticho House (s. S. 73), www.annarest.co.il, Tel. 02 5434144, So.-Do. 9-23, Fr. 9-12.30 Uhr. Koschere italienische Klassiker in reizendem Ambiente eines Wohnhauses aus dem 19. Jh. Die Auswahl israelischer Weine kann sich sehen lassen. Schöner Nebeneffekt: In dem Lokal arbeiten junge Menschen, die sonst vielleicht auf der schiefen Bahn gelandet wären und hier einer sinnstiftenden Tätigkeit nachgehen können. Das Projekt wird auch von der Stadt gefördert.

54 [B4] **Armenian Tavern** €€, Armenian Patriarchate Street 79, Tel. 02 6273854, Mo.-Sa. 12-22 Uhr. Im Keller eines alten Klosterkomplexes aus der Kreuzfahrerzeit wird heute in urgemütlicher Atmosphäre, inmitten schöner Deko und bei entspannter Musik beste armenische Küche kredenzt. Daneben stehen einige italienische Pasta-Varianten zur Wahl, zum Nachtisch gibt es köstliches Baklava.

55 [bj] **Crave Gourmet Street Food** €, Rehov Ha-Shikma 1, www.crave.co.il/our-menu, Tel. 02 6272830, So.-Fr. ab 12 Uhr, Sa. erst nach Ende des Schabbat. In der offenen Küche mit viel Industrial-Charme werden nicht nur koschere Streetfood-Klassiker zubereitet, in dieser Gegend eine echte Besonderheit. Zu Cheeseburger, Tacos, Chili Cheese Fries und Co. kann man sich eines der zahlreichen israelischen Craftbiere vom Fass schmecken lassen.

055je-mb

Grillgerichte erfreuen sich in Jerusalem großer Beliebtheit

56 [B4] **Seoul House** €-€€, Rehov Habad 34, Facebook: KosherKorean, Tel. 074 7040404, Di., Do., So. 12–21 Uhr. Koreanische Klassiker wie Kimbap (vegetarisches Sushi), Tteokbokki (gebratener Reiskuchen) sowie Bibimbap und Deopbap (zwei weitere Reisgerichte) würde man im jüdischen Viertel eher nicht vermuten, doch dank des Koscher-Zertifikats kommen auch Einheimische gern in das Lokal, um bei K-Pop-Sound die leckeren, frischen Speisen zu genießen.

57 [cl] **Sheyan** €€-€€€, Rehov Ramban 8, https://sheyan.co.il, Tel. 073 584345, So.–Do. 12.30–15 und 18–23, Sa. erst nach Ende des Schabbats. Unterhalb der historischen Windmühle von Rehavia genießt man edle nordchinesische Kost

MEINE TIPPS

Lecker vegetarisch

Sowohl die israelische als auch die arabische Küche sind recht fleischlastig. Dennoch wird man in Jerusalem keine Probleme haben, an vegetarische oder gar vegane Speisen zu kommen. Zum Frühstück bietet sich das leckere vegetarische Shakshuka (s. S. 74) an. Wie wäre es mittags mit veganen Falafeln und dazu einem Klacks Hummus? Beides muss man in Israel bestimmt nicht lange suchen. Hier einige Empfehlungen (vornehmlich) vegetarischer oder veganer Lokale:

› **Aricha Sabich** (s. S. 77): leckere Pitataschen mit frittierten Auberginen, Humus und frischem Salat am Rande des Mahane-Yahuda-Markts

61 [C4] **The Quarter Cafe** €-€€, Rehov Tif'eret Israel, www.quarter-cafe.co.il, Tel. 054 5327286, So.–Do. 9–17, Fr. 9–15 Uhr. Beliebtes koscheres Büfett-Lokal im Herzen des Jüdischen Viertels mit vegetarisch-veganen Optionen und Blick auf den Öl- sowie Tempelberg.

62 [dk] **Village Green** €-€€, Rehov Yo'el Moshe Salomon 5, www.facebook.com/VillageGreenJerusalem, Tel. 02 6457676, So.–Do. 9–23, Fr. 9–15.30 Uhr. Einladendes veganes SB-Lokal mit kleinem Innenhof, in dem es ein tolles Büfett gibt. Morgens bekommt man ein gehaltvolles Frühstück serviert, nachmittags kann man sich an einer der himmlischen Torten gütlich tun.

Lokale mit Aussicht

› Der kleine **Caféwagen vor der Montefiore-Windmühle** 33 steht auf einer wundervollen Terrasse, von der man die Altstadtmauern und bei klarem Wetter sogar Jordanien im Blick hat.

› Das **City View** (s. S. 44) auf dem Skopusberg 30 bietet eine grandiose Sicht auf den Tempelberg und Ostjerusalem – gerade bei Sonnenuntergang ein Erlebnis.

Der erste Kaffee

› Im **Cafe Yehoshua** gibt es ab 7.30 Uhr Shakshuka, ein „Kibutzfrühstück" und vieles mehr. Um diese Zeit wird man auch schon im **cafe sira** und im **Ofaimme Farm Cafe** bedient, während man im beliebten **Cafe Rimon** bereits um 7 Uhr eine Tasse Kaffee bekommt (alle genannten Cafés s. S. 81).

052je-mb

Veganer Nahost-Klassiker: köstlicher Hummus (s. S. 74)

mit einigen Gerichten anderer asiatischer Küchen in elegantem Ambiente. Auch der Service ist positiv hervorzuheben.

58 Smadar €€, Rehov Lloyd George 4, www.smadar-restaurant.com, Tel. 02 5443666, Do. 18–24, Fr. 16–24, Sa. 9–24 Uhr. Seit fast 100 Jahren gibt es das gleichnamige Kino in der German Colony schon, mit dem sich dieses gehobene italienische Lokal mit israelischem Einschlag seine Räumlichkeiten teilt. Pizza und Co. sucht man hier vergeblich, vielmehr kommen raffinierte Speisen auf den Teller, die von ausgesuchten israelischen und italienischen Weinen begleitet werden. Eines der wenigen Lokale, die auch am Schabbat geöffnet sind.

59 [cn] **Talbiye** €€, Chopin Street 5 (unterhalb des Jerusalem Theatres), www.talbiye.com, Tel. 02 5811927, So.–Do. 12–24, Fr. 9–24 Uhr. Beliebtes französisches Restaurant, das auch Fischgerichte im Angebot hat. Wechselnde Karte mit Frühstück, Mittag- und Abendessen. Hervorragender Service.

Cafés

In Israel gibt es keine klare Trennung von Restaurants und Cafés, wie man sie aus unseren Gefilden gewohnt ist. Die hier gelisteten Lokale haben alle überwiegend einen Café-Charakter, besitzen aber meist auch eine Speisekarte mit israelischen und internationalen Gerichten. Allen gemein ist, dass sie sich im Unterschied zu vielen „klassischen" Restaurants auch hervorragend zum Frühstücken eignen.

63 [dk] **Cafe Rimon,** Rehov Ben Yehuda 4, www.caferimon.co.il/Ben Yehuda, tägl. meist 7–24 Uhr, Sa. erst nach Ende des Schabbat. Die in der geschäftigen Innenstadt gelegene Filiale der koscheren Jerusalemer Kette zieht seit Jahrzehnten Gäste an. Frühstück, Salate, Suppen, aber auch Pasta, Pizza und weitere italienische Kost genießt man hier im schön gestalteten Innenbereich oder im Freien.

64 [dk] **cafe sira,** Rehov Ben Sira 1, www.cafesira.com, tägl. 7.30–22.30 Uhr. In dem beliebten Café gibt es bis 13 Uhr (nach Absprache eventuell sogar noch länger) diverse Frühstücksvarianten, darunter Klassiker wie Shakshuka, ein österreichisches und ein deftiges „Arbeiter-Frühstück". Auch das weitere Speisenangebot kann sich sehen lassen. Abends mausert sich das Lokal zu einem beliebten Spot, um bei israelischem IPA oder Schnaps aus dem Westjordanland den Abend einzuläuten.

65 [cm] **Cafe Yehoshua,** Rehov Azza 17, www.cafeyehoshua.com, Tel. 02 5632898, So.–Do. 8–24, Fr. 8–15.30, Sa. erst nach Ende des Schabbats. Das Café mit hoher Hipster-Dichte macht eine echte Metamorphose durch: morgens gemütliches Frühstückslokal mit israelischen Leckereien, mittags beliebter Treffpunkt zum Mittagessen mit internationaler Küche und abends cooler Hangout mit Cocktails und guter Stimmung. Reservierung empfohlen.

66 [el] **Greg Cafe,** Alrov Mamilla Avenue (s. S. 85), http://gregcafe.co.il, Tel. 02 6254567, Mo.–Do. 9–23, Fr. 9–15, Sa. 20.45–24, So. 0–23 Uhr. Landesweit vertretene Cafékette mit leckerem Frühstück, Bagels, Sandwiches und abwechslungsreichen Salaten, von denen fast zwei Personen satt werden. Dazu gibt es frisch gepresste Säfte oder auch einen Halva-Shake.

› **Ofaimme Farm Cafe,** im Hansen House (s. S. 73), www.ofaimme.com, So.–Do. 7.30–20.30, Fr. 7.30–14.30 Uhr. Behagliches und hippes Café mit lauschigem Garten, dem auch ein kleiner Shop angeschlossen ist, in dem man hochwertige Delikatessen aus ganz Israel erstehen kann, darunter exzellenten Käse, Wein und köstliches Eis am Stiel.

Das Lokal setzt auf nachhaltig produzierte Bio-Lebensmittel und eignet sich gut für ein Mittagessen.

67 [dk] **Tmol Shilshom,** Rehov Yo'el Moshe Salomon 5, www.tmol-shilshom.co.il, So.-Do. 8.30-23.30, Fr. 8.30-14.30, Sa. 19-23.30 Uhr. Das etwas versteckte Büchercafé gilt als einer der beliebtesten Treffpunkte der israelischen Literaturszene. Hier sitzt man gemütlich bei einem reichen Angebot an Frühstücksvarianten, Salaten und italienischen Pasta-Klassikern und kann in einem der zahlreichen Bücher schmökern, die in den Regalen stehen. Regelmäßig finden Lesungen, Vorträge und Konzerte statt, auch in der LGBT-Szene ist das Lokal beliebt.

079je-mb

Darf es etwas Süßes sein? Gerade in palästinensischen Bäckereien ist das Angebot überbordend.

Das Hataklit ist eine der gemütlichsten Kneipen der Neustadt

Jerusalem am Abend

„In Tel Aviv wird gefeiert, in Haifa gearbeitet und in Jerusalem gebetet" – so lautet die sinngemäße Übersetzung eines israelischen Sprichworts und tatsächlich ist man als Nachtschwärmer in Tel Aviv wesentlich besser aufgehoben. Religiöse Sittenwächter machen es Szene-Neulingen schwer, in Jerusalem Fuß zu fassen. Nichtsdestotrotz gibt es in der Universitätsstadt mit ihren vielen jungen Bewohnern auch einige Pubs und Bars, die sich abends zu Klubs wandeln, wobei sich das **Nachtleben** auf bestimmte Bereiche konzentriert.

Ein guter Ausgangspunkt für Ausgehfreudige ist der **Mahane-Yehuda-Markt** 42. Wenn die Lebensmittelverkäufer am frühen Abend ihre Geschäfte schließen, wandelt sich das riesige Areal langsam in einen hippen Nightlife-Spot mit allerlei Bars, Restaurants und improvisierten Kneipen. Oft legen auch DJs auf und Straßenmusiker geben ihr Können zum Besten.

Vom Markt ist es nicht mehr weit bis zum Stadtteil **Nahalat Shiv'a** [dk-I] in Downtown Jerusalem, wo sich zahlreiche Lounges und Lokale aneinanderreihen. Aber auch der sich westlich anschließende Bereich der **Neustadt**, der etwa bis zur **King George Street** [ck-I] reicht, ist übersät mit Cafés, Pubs und Bars, sodass man auch hier fündig wird.

Etwas weiter außerhalb lockt ein relativ neuer kreativer Hotspot: **The First Station** 34 in der German Colony 35. Hier kann man nicht nur ausgezeichnet essen, sondern auch zu später Stunde mit einem Getränk angenehm im Freien sitzen. Auch die **Azza Street** [cm] bietet einige Lokale für Nachtschwärmer.

Eine Alternative für junge Jerusalem-Gäste sind die **Hostels** der Stadt (Tipps s. S. 122), die häufig über eine eigene Bar verfügen, die meist gut besucht ist und auch Nichtgästen offensteht.

Bars, Kneipen und Pubs

68 [en] **Adom,** in The First Station (34), www.adom.rest, Tel. 02 6246242, tägl. ab 12 Uhr. Beliebte Kombination aus gut sortierter Weinbar und Restaurant, die eine große Auswahl italienischer und amerikanischer Klassiker anbietet, darunter auch viele vegetarische und vegane Gerichte. Im Inneren sind die Themen Züge und Bahnhof gekonnt in Szene gesetzt. Abends verwandelt sich das tagsüber auch bei Familien beliebte Lokal in einen angesagten Treffpunkt, um das Nachtleben einzuläuten.

69 [dk] **Dublin,** Rehov Shamai 4, auf Facebook, tägl. ab 17 Uhr bis spät. Großer Irish Pub mit Raucherbereich, Sportübertragungen und Pubfood. Beeindruckende Bierauswahl: fast 20 Biere vom Fass und unzählige weitere Varianten aus der Flasche.

70 [dk] **Hataklit,** Rehov Heleni ha-Malka 7, Facebook: hataklit, tägl. 16.30–5 Uhr. Schummrig-gemütliche Kneipe, die mit alten Schallplatten und Filmplakaten dekoriert ist und sogar eigene Platten vertreibt. Zur Wahl stehen etliche (auch deutsche) Biere vom Fass. Die tägliche Happy Hour von 16 bis 21 Uhr ist preislich kaum zu toppen.

71 [cj] **Hatch,** HaEgoz 28, auf dem Mahane-Yehuda-Markt (42), www.hatchbeer.com, So.–Mi. 12–22.30, Do. bis 23.30 Uhr. Kleine Craftbier-Brauerei auf dem berühmten Jerusalemer Markt, die mehrere Fassbiere serviert, darunter ein fränkisch inspiriertes Rauchbier. Dazu werden leckere koschere Snacks gereicht.

Übersichtliche Veranstaltungskalender

- **www.jerusalem.muni.il/en/events-and-culture:** Hier werden auf Englisch, sortiert nach unterschiedlichen Kategorien, viele aktuelle Veranstaltungstipps gegeben, darunter auch solche für Kinder und ältere Personen.
- **www.itraveljerusalem.com/de/events:** Über die deutschsprachige Internetpräsenz der Touristinformation kann man sich u. a. Events, sortiert nach Bezirken, anzeigen lassen, die Kategorie „Gratis" listet zudem Veranstaltungen für Sparfüchse auf.

Livemusik

72 [dk] **Birman Bistro Bar,** Rehov Dorot Rishonim 8, Facebook: Birman.bistro.bar, Sa.–Do. ab 19 Uhr. Das Birman ist eine feste Institution im Jerusalemer Nachtleben. Hier finden fast jeden Tag beliebte Konzerte statt (v. a. Jazz), über die man sich im Vorfeld auf Facebook informieren kann. Dazu gibt es eine reiche Auswahl an Getränken und kleine Speisen.

057je-mb

058je-mb

Mit einem Drink in der Neustadt beginnt in Jerusalem das Nachtleben

73 [A5] **Merrill Hassenfeld Theater,** Hebron Road. Zwischen Altstadtmauern und dem Viertel Yemin Moshe erstreckt sich ein Tal mit dem ehemaligen **Sultan's Pool,** einem alten Wasserreservoir, das heute in der warmen Jahreszeit für Konzerte aller Art genutzt wird.

74 [dk] **Mike's Place,** Rehov Jaffa 33, www.mikesplacebars.com, tägl. geöffnet. Der lokale Ableger der beliebten Kette aus Tel Aviv ist alles in einem und doch passt hier die Mischung: Sportsbar (mit Bundesligaübertragungen), koscheres amerikanisches Restaurant und Klub mit Livemusik sowie gemütlicher Atmosphäre. Meist donnerstags und samstags finden hier Konzerte statt (viel Rock), mittwochs ist Ladies Night mit Jazz und wer selbst mal singen möchte, ist montags bei der Open Mic Night richtig.

Theater

75 [cn] **Jerusalem Theatre,** Rehov David Marcus 20, www.jerusalem-theatre.co.il. Ein Betonbau aus den 1970er-Jahren birgt Jerusalems bedeutendste Spielstätte. Neben Theater und Symphoniekonzerten gibt es auch Kinovorführungen und ungewöhnliche Events wie Modenschauen. Angeschlossen ist ein nettes Lokal namens Talbiye (s. S. 81). Beim Kauf der Tickets und vor den Vorstellungen kann man die wechselnden Kunstausstellungen im Foyer bewundern.

76 [en] **Khan Theater,** Rehov David Remez 2, http://khan.co.il. Untergebracht in einer wundervoll restaurierten kleinen, alten Karawanserei am Rande der First Station, zeigt dieses Non-Profit-Repertoiretheater sechs verschiedene Eigenproduktionen pro Jahr, manchmal auch auf Englisch.

Smoker's Guide

Grundsätzlich hat der israelische Staat viele Maßnahmen beschlossen, die dem Nichtraucherschutz dienen. Wie wenig diese fruchten, kann man aber an den vielen Jugendlichen (und immer wieder auch Kindern) erkennen, die vor allem in Ostjerusalem wie selbstverständlich in der Öffentlichkeit rauchen. Wasserpfeifen spielen im arabischen Kulturkreis eine große Rolle, sie sind in kleineren Lokalen üblich. Derzeit lässt das israelische Recht noch Raucherzonen in Restaurants und Bars zu, solange diese klar vom Rest des Lokals getrennt sind. Zigaretten sind etwas teurer als in Deutschland. In folgenden Lokalen darf noch geraucht werden:

- Im Irish Pub **Dublin** (s. S. 83) ist der Raucherbereich riesig.
- Das **Waldorf Astoria** (s. S. 121) verfügt über eine eigene Zigarrenlounge.

Jerusalem zum Stöbern und Shoppen

Die Heilige Stadt ist ein absolutes **Shoppingparadies:** ob orientalischer Suq 9 im Muslimischen Viertel, die antike Shoppingmeile Cardo 6, Markttreiben und Gastrohighlights auf dem Mahane-Yehuda-Markt 42, oder Luxusshopping in der edlen Alrov Mamilla Avenue – hier ist garantiert für jeden etwas dabei.

Die bunteste Mischung an gehobenen wie bodenständigen Läden bietet der zentrale Bereich der **Jaffa Street** etwa zwischen Altem Rathaus und Mahane-Yehuda-Markt [ek–cj]. Hinzu kommen natürlich die vielen **kleinen Geschäfte** in der **Altstadt**, die teilweise schon seit Jahrhunderten in Familienbesitz sind. Zugegeben: Manchmal sind die wirklich originellen Läden dort nicht so leicht zu finden, ist doch die Anzahl der Souvenirshops und Geschäfte mit religiösen Devotionalien bei Weitem größer – dies gilt vor allem im westlichen Teil der Altstadt unweit des Jaffators [A3]. Ein weiteres Einkaufsareal ist der Bereich nördlich des **Damaskustors** 9 rund um die **Nablus Road** [fj].

Jerusalem hat zwar nicht den Ruf einer Modehochburg, aber da **Kleidung** in Israel im Verhältnis zu anderen Produkten sehr günstig sein kann, lohnt sich eine Shoppingtour. Gerade auf den Märkten kann man einige schöne Entdeckungen machen, sollte sich aber vor **Markenfälschungen** in Acht nehmen, die in Europa nicht eingeführt werden dürfen.

Shoppingareale

Die wichtigsten Shoppingbereiche der Stadt sind im Kartenmaterial mit einer rötlichen Fläche markiert.

Einkaufszentren

77 [el] **Alrov Mamilla Avenue.** Den Übergang von der Alt- zur Neustadt bildet seit mehreren Jahren diese schicke Shoppingmeile, die auch unter dem Namen **Alrov Mall** bekannt ist. Weil es sich um eine Mall unter freiem Himmel handelt, herrscht hier eine einladende, entspannte Atmosphäre. Es gibt nicht nur edle Designergeschäfte und viel Kunst im öffentlichen Raum, sondern auch den einen oder anderen günstigen Laden, ferner ein klimatisiertes Einkaufszentrum mit mehreren Lokalen und einem 3-D-Kino.

78 [dk] **Hamashbir Department Store,** Jaffa Street 39, https://365mashbir.co.il, So.–Do. 9–21, Fr. 9–15 Uhr. Der lokale Ableger der landesweit vertretenen Kaufhauskette bietet mitten in der zentralen Einkaufsstraße Jaffa Street auf sechs Ebenen hauptsächlich Damen- und Herrenmode sowie Schmuck an.

79 **Malcha Mall,** Derech Agudat Sport Beitar 1, www.azrielimalls.co.il, So.–Do. 9.30–22, Fr. 9–15.30, Sa. 21–23 Uhr. Über 250 Läden, verteilt auf fast 40.000 m² – die Malcha Mall wurde bereits zum besten Einkaufszentrum des Landes gewählt und lohnt einen Abstecher in den Südwesten der Stadt.

Mode und Stoffe

80 [B3] **Bilal Abu Khalaf,** Rehov Aftimus 164, Sa.–Do. 9.30–18, im Sommer bis 19.30, Fr. bis 14 Uhr. Der sympathische Bilal importiert feinste Stoffe aus Syrien, hat immer Zeit für einen Schwatz mit seinen Kunden und ist in der Stadt bekannt wie ein bunter Hund, auch weil bereits sein Vater und sein Großvater das Geschäft betrieben. Sogar orthodoxe Juden schätzen sein gutes Auge. Dane-

ben werden auch Schals aus Kaschmir vertrieben und einige Gewänder – ein attraktives Mitbringsel für Zuhause.

81 [el] **Dorin Frankfurt,** Alrov Mamilla Avenue (s. S. 85), www.dorinfrankfurt.com, So.-Do. 10–22, Fr. 10–14 Uhr. Die bekannte Tel Aviver Designerin entwirft seit Jahrzehnten Damenbekleidung, welche die ganze Vielfalt Israels widerspiegeln soll und dabei zeitlos elegant wirkt. In dem zentral gelegenen Shop in der Alrov Mamilla Avenue kann man sich von der Qualität ihrer Entwürfe überzeugen.

82 [dk] **Habira,** Jaffa Street 60, So.-Do. 9–20, Fr. 9–14 Uhr. Bei Habira gibt es Herrenanzüge in allen Formen, Größen und Farben, die größtenteils aus der Türkei importiert werden. Die Angestellten haben ein ausgezeichnetes Auge für den Geschmack ihrer Kunden. Feilschen ist hier durchaus erlaubt.

83 [bk] **The Garage,** Rehov Shilom 10, auf Facebook, So.-Do. 10–24, Fr. 10–15 Uhr. Vielleicht der ungewöhnlichste Laden der Stadt: Das vollgepackte Secondhand-Geschäft am Rande des Mahane-Yehuda-Markts verkauft neben Kleidung auch Vinyl, Fahrräder und vieles mehr, ein kleiner Flohmarkt gewissermaßen.

84 [dk] **Zoya,** Jaffa Street 54, www.zoyaonline.co.il, So.-Do. 10–17 Uhr. Das israelische Modelabel Zoya vertreibt in dem großzügigen Laden an der zentralen Einkaufsmeile stylishe Mäntel, Pullover und Accessoires zu kleinen Preisen.

Schuhe

85 [dk] **Khalifa Shoes,** Jaffa Street 44, https://khalifashoes.com/en, So.-Do. 9–19.30, Fr. 9–14.30 Uhr. In dem kompetent geführten Laden in der Einkaufszone im Zentrum werden vor allem hochwertige Markenschuhe für den Herrn angeboten.

86 [el] **Teva Naot,** Alrov Mamila Avenue, www.tevanaot.co.il, So.-Do. 10–22.30, Fr. 9.30–14.30, Sa. 18.30–23 Uhr. Gut sortierte Boutique mit vorwiegend israelischen Lederschuhen und -sandalen für Sie und Ihn in der zentralen Shoppingmeile.

Schmuck

87 [dk] **Baltinester,** Jaffa Street 31, https://baltinesterjewelry.com, So.-Do. 10–19.30, Fr. 10-Schabbatbeginn. Kleines Juweliergeschäft mit großer Auswahl an Judaika und weltlichem

060je-mb

Schmuck sowie freundlicher Beratung. Besonders beliebt sind die personalisierten Namensketten, die man sowohl auf Hebräisch als auch in lateinischer Schrift anfertigen lassen kann.

88 Hoshen, Rehov Emek Refa'im 32, auf Facebook, So.–Do. 9–21, Fr. 9–15 Uhr. In dem kleinen Laden in der German Colony werden moderner Schmuck und Judaika verkauft, die von israelischen Designern und größtenteils in Handarbeit hergestellt wurden. Hier findet man bestimmt ein reizvolles Souvenir.

89 [B4] **Rafael,** Rehov HaYehudim 87, www.rafael-jewelry.com, So.–Do. 9.30–18, Fr. 9.30–13 Uhr. Ein aus dem Jemen stammender älterer Herr fertigt seit Jahrzehnten einige der schönsten Schmuckkreationen Jerusalems an und lässt dabei die alte jemenitische Kunst der Verarbeitung von Gold- und Silberfäden wieder aufleben, die er geschickt mit modernem Design kombiniert. Zum Einsatz kommen auch antikes römisches Glas oder der berühmte Eilatstein. Ein besonderes Mitbringsel ist ein Schmuckstück mit der kleinsten Bibel der Welt, der Nano Bible, deren Text man erst bei 1000-facher Vergrößerung sieht.

90 [A4] **Studio Dan Alsberg,** in der Künstlerkolonie Hutzot Hayotzer, https://artistscolony.co.il/danny-alsberg, So.–Do. 10–17 Uhr. Der sympathische Goldschmied Dan hat sein Handwerk in Baden-Württemberg erlernt, spricht perfekt Deutsch und stellt hier in seiner Werkstatt zeitlos schöne Ketten, Ringe, Armreife, Ohrringe und Anhänger her, bei denen er oft zu experimentellen Methoden greift und z. B. alte Münzen mit verarbeitet.

059je-mb

Der Betreiber von The Garage

Hochwertige Stoffe gibt es bei Bilal Abu Khalaf (s. S. 85)

Kosmetika

91 [el] **Dead Sea Outlet,** Rehov Shlomzion HaMalka 18, So.–Do. 9–21.30, Fr. 9–15 Uhr. Die Firma More Cosmetics betreibt in der Neustadt ein Geschäft mit Kosmetika, die aus den Mineralien und dem Schlamm des Toten Meeres hergestellt werden. Neben Seifen, Cremes und Duschgels gibt es auch Schlammpackungen für Gesicht und Körper.

Kunst und Kunsthandwerk

92 [B5] **Antreassian Artist,** Zion Gate Stree 13, www.antreassian.com, meist Mo.–Sa. 9–17 Uhr. Hagop betreibt am Rande des Armenischen Viertels diese kleine Werkstatt, in der er auf kunstvolle Weise der uralten Tradition der armenischen Keramikmalerei nachgeht. Zur Wahl stehen Teller und Töpfe, Schalen und Kacheln. Ein wundervolles Souvenir!

93 [ck] **Bezalel Arts & Crafts Fair,** Rehov Betsal'el 10, Facebook: bezalel-fair, im Sommer Fr. 9–16 Uhr, im Winter Fr. 9–14 Uhr. Immer freitags bieten Nachwuchskunsthandwerker in der kleinen

0 6 1 je-mb

Straße in der Neustadt ihre Waren an. Neben attraktiven Glasarbeiten gibt es Textilien, Schmuck, Holzprodukte, Keramik und vieles mehr. Häufig wird das bunte Treiben von Musikern begleitet.

94 [dj] **Olive Wood Art,** Rehov Me'a She'arim 26, https://jerusalembless.com, Tel. 547878123. Seit mittlerweile rund 60 Jahren fertigen hier einige Frauen aus dem Viertel der Ultraorthodoxen wunderbar detailreiche Arbeiten aus Olivenholz an. Im Angebot sind aufwendig gestaltete Schilder mit religiösen Motiven, kleine bemalte Schatullen und mehr.

95 [fj] **Palestinian Pottery,** Nablus Road 75, www.armenianceramics.com, Mo.–Sa. 8–17 Uhr. Seit mittlerweile fast 100 Jahren ist die Familie Balian für ihre kunstvollen Kacheln und Keramiken weit über die Grenzen Jerusalems hinaus bekannt. Einst wurde ein Vorfahr des heutigen Betreibers von der britischen Mandatsmacht ins Heilige Land geholt, um den Felsendom neu zu verkacheln. Seine Nachkommen führen die Werkstatt mit angeschlossenem Laden weiter und vertreiben hier Vasen, Kacheln und vieles mehr.

96 [B4] **Sandrouni – Armenian Art Center,** gegenüber der Jakobskathedrale, Mo.–Sa. 9–19 Uhr. Der damals erste Kachelmaler im Ort hat sich inzwischen einen landesweiten Ruf erarbeitet und achtet besonders auf Detailreichtum, die richtige Mischung der Farben und den perfekten Lack. All das präsentiert der freundliche ältere Herr seinen Besuchern gerne auch bei einem kleinen Rundgang durch die Werkstatt, die zudem eine Brennerei umfasst. Neben Vasen, Tellern und Co. gibt es auch religiöse Kunst. Achtung: Sandrounis Ruf ist so gut, dass sich gleich mehrere Künstler unter diesem Namen für ihn ausgeben.

Bücher

97 [ek] **Intellect Books,** Jaffa Street 30, www.intellectbooks.co.il, So.–Do. 11–18.30, Fr. 9–12 Uhr. Pickepackevoller Secondhand-Buchladen, in dem man stundenlang stöbern kann. Auch die Anzahl der fremdsprachigen Bücher ist beachtlich.

98 [dk] **Steimatzky,** King George Street 9, www.steimatzky.co.il, So.–Do. 8.30–21, Fr. 8.30–14 Uhr. Israels größte Buchhandelskette ist in Jerusalem (und am Flughafen) mit mehreren Shops vertreten, die auch englischsprachige Literatur anbieten. Diese Filiale ist zentral in der Neustadt gelegen und verfügt über ein breites Sortiment.

› **The American Colony Bookshop,** auf dem Gelände des American Colony Hotels (s. S. 121), www.educationalbookshop.com, Mo.–Sa. 8–20 Uhr. Die kleine Buchhandlung ist eine echte Institution: Hier werden zahllose vorwiegend englischsprachige Bücher vertrieben, die

Hochwertige, individuelle Souvenirs: Sandrouni im Armenischen Viertel

oft von kleinen palästinensischen Verlagen stammen und der arabischen Community ein wesentliches Sprachrohr sind. Viele Werke befassen sich mit dem Nahostkonflikt und bieten eine alternative Sicht auf das politische Geschehen im Lande.

Märkte

Die bunten Märkte und Basare der Heiligen Stadt machen einen großen Teil des Jerusalem-Zaubers aus. **Handeln** ist hier ausdrücklich erlaubt, sofern keine festen Preise angegeben sind – zugleich ist das Feilschen ein essenzieller Bestandteil des Einkaufserlebnisses.

- 9 [B1] **Arabischer Suq.** Auf dem Markt südlich des Damaskustors geht es eng, laut und hektisch zu. Ein Besuch lohnt sich trotzdem, denn neben touristischem Tand werden hier vor allem köstliche Süßspeisen feilgeboten (s. S. 25).
- 42 [cj] **Mahane-Yehuda-Markt.** Auf Israels größtem Markt mit seinen Hunderten von Händlern gibt es nichts, was es nicht gibt (s. S. 56).
- 34 [en] **The First Station.** Auf dem beliebten Freizeitareal bieten mehrere Händler an Ständen ihre Waren an, der Fokus liegt auf Mode und Accessoires (s. S. 49).

Jerusalem zum Durchatmen

Jerusalem ist mitunter eine recht anstrengende Stadt und Grünanlagen sucht man gerade in der Altstadt vielerorts vergeblich. Im Zusammenhang mit Wasserknappheit und der allgemeinen Hitze sollte man keine riesigen Parks wie in unseren Gefilden erwarten, dennoch gibt es einige Ruheoasen mit Schatten spendenden Bäumen und relativ hohem Freizeitwert:

- •99 **Botanischer Garten der Hebräischen Universität.** 1931 angelegt, präsentiert die kleine Anlage die Pflanzenwelt Israels. Tafeln informieren auch auf Englisch über die lokale Flora.
- › Der **Herzlberg** 44 ist nicht nur ein Ort des Gedenkens, sondern auch eine schöne Grünanlage, die zu ausgiebigen Spaziergängen einlädt.
- •100 [an] **Jerusalem Botanical Garden,** Eingang ganz im Süden der Anlage via Rehov Bersal'el Bazak, www.botanic.co.il/en, im Sommer So.–Do. 9–19, Fr.

Der Liberty Bell Park (s. S. 90) bietet eine Erholung vom Stadtleben

093je-as©Roman - stock.adobe.com

9–17, Sa. 9–18 Uhr, im Winter Sa.–Do. 9–17, Fr. 9–14 Uhr, Erw. 35 ₪, erm. 18 ₪. Auf dem riesigen Areal kann man eine botanische Reise in mehrere Vegetationszonen der Erde unternehmen. Einige Seen, ein Baumwipfelpfad und ein Tropenhaus ergänzen das Angebot.

•101 [em] **Liberty Bell Park,** Rehov Keren HaYesod. Anlässlich des 200-jährigen Jubiläums der amerikanischen Unabhängigkeitserklärung angelegte Grünanlage mit einer Nachbildung der Liberty Bell im Zentrum. Die Anlage zählt zu den beliebtesten Parks der Stadt und beherbergt neben Spielplätzen, Outdoor-Fitnessgeräten und einer hübsch begrünten, schattigen Allee auch ein Amphitheater und das berühmte Train Theater (s. S. 115).

•102 [bk] **Sacher Park,** am östlichen Ende des Regierungsviertels. Die grüne Lunge der Stadt umfasst ein Areal von 16 ha und verfügt über gepflegte Wege, einen Picknickbereich, einen Fitnesscourt, Spielplätze und ein Vogelobservatorium.

062je-mb

•103 [A4] **Teddy Park,** westlich unterhalb der Altstadt. Der nach dem langjährigen Bürgermeister Teddy Kollek benannte Park kann vor allem mit seiner bunten Springbrunnenshow punkten, die mehrmals täglich für Begeisterung bei Alt und Jung sorgt. Gerade abends, wenn die Brunnen beleuchtet sind, ist das perfekt orchestrierte Zusammenspiel von Musik und Wasser ein echter Hingucker. Beim Anlegen des Parks wurden übrigens – in Jerusalem wenig überraschend – einige antike Ruinen freigelegt, die behutsam in den Komplex integriert wurden.

Zur richtigen Zeit am richtigen Ort

Eine Stadt wie Jerusalem ist von den verschiedenen religiösen Kalendern und Festen geprägt. Daneben finden jedoch auch etliche weltliche Veranstaltungen statt. Einen Überblick bieten die auf Seite 83 gelisteten Veranstaltungskalender.

Frühling

› **Februar/März:** Das **Purim-Fest,** bei dem an die Rettung der Juden in Persien erinnert wird, wird gerne mit Karneval verglichen. Geschenke werden verteilt, die Thora wird gelesen, Essen und Tanz gehören dazu. Zentraler Bestandteil ist auch das Zechen, das an diesem Tag quasi zu den religiösen Pflichten gehört. Daneben gibt es Paraden, Kostüme und viel Musik – ganz ähnlich wie bei unserem Karneval.

◁ *Kleine Ruheoase: der Jerusalem Botanical Garden (s. S. 89)*

- **März:** An drei Tagen durchdringen die **Sounds of Jerusalem** die Altstadt von Jerusalem. Bei freiem Eintritt kann man im Rahmen von Konzerten in die musikalische Vielfalt der Region eintauchen und verschiedenste Musikrichtungen kennenlernen. Infos: http://en.sounds-of-jerusalem.org.il.
- **Mai:** Einmal im Jahr öffnen die bedeutendsten Museen des Landes anlässlich des **Internationalen Museumstags** kostenlos ihre Pforten und bieten zahlreiche begleitende Veranstaltungen an. Infos: www.icom.org.il.
- **Mai/Juni:** Während des multidisziplinären **Israel Festivals** kommen Besucher seit 1961 in den Genuss hochwertiger Konzerte, Kunstinstallationen, Theaterstücke und vielem mehr. Das Festival findet an mehreren Veranstaltungsorten statt und lockt Jahr für Jahr Zehntausende Besucher an. Infos: www.israel-festival.org/en.

Das Light Festival zählt zu den Höhepunkten im Jahreskalender

Sommer

- **Ende Juni:** Im Sommer steigt das **Light Festival,** bei dem zahlreiche international renommierte Beleuchtungskünstler öffentliche Gebäude und Kunstwerke zauberhaft illuminieren – ein kostenloser Spaß für Groß und Klein. Nähere Infos: www.lightinjerusalem.com.
- **Juli:** Anlässlich des **Wine Festivals** verwandelt sich der Kunstgarten des Israel Museums 39 in einen riesigen Sommelier-Park, wenn zahlreiche Winzer die besten Tropfen des Landes präsentieren. Tickets für das Event, das von einem bunten Musikprogramm begleitet wird, sind über die Website des Museums erhältlich.
- **Juli:** Das **Jerusalem Film Festival** hat seinen festen Platz im Jahreskalender. Westlich der Altstadt werden unter freiem Himmel über einen Zeitraum von zehn Tagen rund 200 Werke aus aller Herren Länder gezeigt, viele davon zum ersten Mal. Weiterführende Infos: https://jff.org.il/en.

- **August:** Bierfans sollten das **Beer Fest** nicht verpassen, das durchaus Festivalcharakter hat. Neben dem Gerstensaft steht Musik im Vordergrund, mehrere Bands und DJs heizen dem jungen Publikum im Independence Park [dl] ein. Infos: www.jerusalembeer.com/en.
- **August:** Fans jüdischer Musik kommen beim **Klezmer Festival** voll auf ihre Kosten. Die mehrtägige Veranstaltung zieht zahlreiche Größen aus dem In- und Ausland an, wobei nicht nur „klassische" Klezmer-Stücke gespielt werden, sondern auch andere Genres mit Klezmer-Einflüssen zum Zuge kommen. Infos: www.itraveljerusalem.com/evt/international-klezmer-festival.
- **August:** Einmal im Jahr geht es in der Künstlerkolonie Hutzot Hayotzer 32 noch bunter zu als sonst. Während des **International Arts and Crafts Festivals** bieten nationale und internationale Kunsthandwerker mehrere Tage lang jeden Abend bis in die Nacht ihre Werke an. Konzerte lokaler Pop- und Rockgrößen sorgen für stimmungsvolles Ambiente. Infos: https://artfair-jer.com/english.

Feiertage

Neben den **staatlichen Feiertagen** (Holocaust-Gedenktag am 27. Nisan des jüdischen Kalenders, Gedenktag für die gefallenen Soldaten am 4. Ijjar, Unabhängigkeitstag am 5. Ijjar, Jerusalemtag am 28. Iljar), die beweglich sind und aufgrund der komplizierten Berechnung auch auf einen anderen Tag fallen können, gibt es viele **religiöse Feste** mit quasi-staatlichem Charakter, an denen das öffentliche Leben genauso stillsteht wie am Schabbat (s. S. 116). Eine Übersicht bieten diese Websites:

- **www.israelmagazin.de/israel-juedisch/judische-feiertage**
- **www.when-is.com/jewish-holidays.asp:** Hier sind auch muslimische und christliche Feiertage gelistet, die in den jeweiligen Vierteln zu ähnlichen Einschränkungen des öffentlichen Lebens führen.

Herbst und Winter

- **September:** Klassikfans sollten das **Internationale Kammermusikfestival** nicht verpassen, das im YMCA (s. S. 121) stattfindet und Aufführungen internationaler Stars der Szene umfasst, die man schon für kleines Geld besuchen kann. Infos: http://jcmf.org.il.
- **Dezember:** Während des **Jerusalem Jewish Film Festivals** werden jedes Jahr am Sitz des israelischen Filmarchivs Werke gezeigt, die sich mit dem Thema Jüdischsein in Israel und im Ausland befassen. Begleitet wird das Programm von Vorlesungen, Diskussionsrunden und Konzerten. Infos: https://jer-cin.org.il/en.
- **Dezember: Weihnachten** ist besonders in Bethlehem 47 ein echtes Erlebnis: Dann strömen Tausende Pilger in die Stadt. In Jerusalem wird etwa zur selben Zeit **Chanukka (Lichterfest)** gefeiert – in vielen Geschäften gibt es leckere Chanukka-Krapfen in allen Formen, Farben und Geschmacksrichtungen. **Silvester** spielt in Jerusalem so gut wie keine Rolle, am besten man besucht eine der Bars auf dem Mahane-Yehuda-Markt 42 oder fährt gleich nach Tel Aviv.

JERUSALEM VERSTEHEN

063je-mb

Jerusalem – ein Porträt

„Ist dies nicht die Stadt, die die Vorzüge dieser Welt mit jenen der nächsten vereint?"

Schams al-Muqaddasi, Jerusalemer Geograf (10./11. Jh.)

Kaum eine andere Stadt der Welt umranken so viele Mythen und Geschichten wie das jahrtausendealte Jerusalem, das für drei Weltreligionen eine ganz zentrale Rolle spielt – und daran hat sich seit al-Muqaddasis Zeiten nichts geändert. Allerdings ist kaum eine Metropole weltweit so umstritten und wird so sehr mit Konflikten assoziiert wie Jerusalem. Die Heilige Stadt, die wohl niemanden kalt lässt, wird auf der ganzen Welt verehrt – davon zeugen auch die angeblich rund 70 Namen, die auf sie verweisen. Auf Hebräisch heißt sie **Jeruschalaim**, auf Arabisch ist sie als **Al-Quds**, „die Heilige", bekannt.

KURZ & KNAPP

Jerusalem in Zahlen

- **Stadtgründung:** 1800 v. Chr. wird erstmal eine kanaanitische Stadt namens Juruschalim erwähnt, als mythisches Gründungsdatum gilt das Jahr 1000 v. Chr., als die Stadt von König David eingenommen wird.
- **Einwohnerzahl:** ca. 900.000 (ca. 62 % Juden und 38 % muslimische und christliche Araber)
- **Bevölkerungsdichte:** ca. 7050 Einwohner/km²
- **Fläche:** 125 km
- **Anzahl der Gotteshäuser:** ca. 1500

Vorseite: Street-Art ist in der Neustadt an vielen Orten zu finden und macht einen wesentlichen Reiz dieser Gegend aus

Jerusalem befindet sich ungefähr auf halber Strecke zwischen Mittelmeer (Westen) und Totem Meer (Osten) bzw. See Genezareth (Norden) und Rotem Meer (Süden). An ihrer **höchsten Stelle** auf dem **Ölberg** 23 liegt die Stadt mehr als 800 Meter über dem Meeresspiegel. Insgesamt ist Jerusalem sehr hügelig und von mehreren Talsenken durchzogen. Mit **fast 1 Mio. Einwohnern** ist es die größte Stadt des Landes, steht allerdings **in ökonomischer Hinsicht** im Schatten der Wirtschaftszentren Tel Aviv und Haifa.

Historisch gesehen war Jerusalem lange Zeit von relativ überschaubarer Größe. Noch bis ins 19. Jh. zählte man nur die Siedlungen in der heutigen Altstadt zum Stadtgebiet, hier lebt heute nur noch ein Bruchteil der eigentlichen Stadtbevölkerung. Seit Jahrhunderten besteht die **Einteilung in ein jüdisches, christliches, muslimisches und armenisches Viertel.** Im Laufe der Jahrhunderte und insbesondere nach der Gründung des Staates Israel 1948 hat sich das Stadtgebiet immer weiter ausgedehnt, vor allem in Richtung Westen.

Ein Blick über die Metropole

Unzählige **Kirchtürme, Minarette und Synagogen** sowie golden und silbern glänzende Kuppeln bestimmen das Antlitz der **Altstadt,** die sich zwischen Kidrontal 22 und Neustadt erstreckt. Im Osten, jenseits des Kidrontals, wird das alte Jerusalem vom mächtigen **Ölberg** und dem etwas kleineren **Skopusberg** 30 eingerahmt. Nördlich und östlich der Altstadt bestimmen einfache arabische Wohnhäuser die Szenerie.

Schick und modern, mit schlanken Hoteltürmen, präsentiert sich Jerusa-

064je-mb

⊡ *Symbol für Teilung und Konflikt: der Tempelberg mit dem Felsendom* 15

lem hingegen im sogenannten **Downtown Triangle** [dk] westlich der Altstadt, das sich vom Jaffator 1 bis etwa zum Mahane-Yehuda-Markt 42 erstreckt. Nördlich und südlich davon befinden sich Wohnquartiere, die vornehmlich im 19. Jh. entstanden, darunter die German Colony 35 und Me'a She'arim 43. Moderner und zum Teil geprägt von größeren Gebäudekomplexen sind die weiter westlich gelegenen Viertel, etwa das **Regierungs- und Kulturviertel Givat Ram** 37, und der Süden der Stadt in Richtung Bethlehem 47.

Ein weithin sichtbares, modernes Gebilde prägt mittlerweile ebenfalls das Antlitz der Stadt: der **Holyland-Park**, ein riesiger Wohnkomplex im Westen Jerusalems mit dem alles überragenden **Holyland Tower**, dem **höchsten Gebäude** der Stadt. Ein weiteres ikonisches Bauwerk in der Neustadt ist die weithin sichtbare **Chords Bridge** [aj], die auch als **Bridge of Strings** bekannt ist. Der spektakuläre Bau, 2008 eingeweiht, wird von der Straßenbahn und Fußgängern genutzt und erinnert an eine Harfe, deren Saiten durch Stahlkabel dargestellt sind – eine Anspielung an König Davids Harfe. An optischen Ankern zur **Orientierung** mangelt es Jerusalem also nicht, zumindest die ungefähre Richtung lässt sich in der Regel leicht bestimmen.

Jerusalem – die geteilte Stadt

Sowohl **Palästinenser** als auch **Israelis** beanspruchen Jerusalem als ihre Hauptstadt. Die **Erklärung der israelischen Unabhängigkeit** im Jahr 1948 löste einen **Krieg** zwischen Israel auf der einen Seite und einer heillos zerstrittenen Allianz bestehend aus Ägypten, Syrien, Jordanien, Libanon, dem Irak und Saudi-Arabien auf der anderen Seite aus. Der Krieg verlief für Israel erfolgreich und endete 1949 mit einem Waffenstillstand. Die Folgen für Jerusalem waren allerdings fatal. Zwar konnte sich der neue Staat auf der politischen Landkarte behaupten und wurde vom Gros der Staaten dieser Welt anerkannt, aber die **Waffenstillstandslinie** verlief durch das Tal westlich der Altstadt, die fortan von der jordanischen Armee kontrolliert wurde. Nicht nur standen sich Israelis und Araber nun Auge in Auge gegenüber, Israelis war zudem der Zutritt zur Klagemauer 8 verboten. 1967 startete Israel nach der Sperrung des Zugangs zum Roten Meer einen Präventivschlag gegen die ägyptische Luftwaffe, der zum **Sechstagekrieg** führte und mit einem Sieg Israels endete, das die Kontrolle über die Altstadt, das Westjordanland, den Gazastreifen und weitere Gebiete erhielt.

1994 wurde nach der **Ersten Intifada,** der „Erhebung“ von Teilen der Palästinenser gegen die aus ihrer Sicht „israelischen Besatzer“, ein Abkommen geschlossen, das den jahrzehntelangen Schwebezustand beenden sollte und eine Palästinensische Autonomiebehörde entstehen ließ, welche den Gazastreifen und das Westjordanland verwaltet, das unmittelbar an Jerusalem grenzt. Die Palästinenser beanspruchen auch die Altstadt, die aber vollständig unter israelischer Kontrolle steht.

065je-mb

Natürlich haben beide Seiten einen berechtigten Anspruch auf ein Leben in Jerusalem: die Juden schon aufgrund ihrer bis in biblische Zeiten zurückreichenden Siedlungsgeschichte vor Ort, aber auch die Palästinenser, deren Vorfahren hier seit Jahrhunderten leben. Durch den Umstand, dass beide Jerusalem als heilige Stätte und als „ihre“ Hauptstadt betrachten, genügen oft schon kleine Provokationen oder Gesten, um einen bewaffneten Konflikt oder Terroranschläge auszulösen. War die Stimmung in den späten 1990er-Jahren noch verhalten positiv, änderte sich dies spätestens mit der **Zweiten Intifada**, die im Jahr 2000 in Jerusalem begann, bis 2005 anhielt und auf beiden Seiten Tausende Tote forderte. Als Folge wurde die **israelische Sperranlage** errichtet, die heute auch Bethlehem 47 vom israelisch kontrollierten Gebiet abtrennt.

Wie verhärtet die Fronten sind, zeigt eine **Studie** von 2019, der zufolge 97 % der vorwiegend palästinensischen Bevölkerung Ostjerusalems die derzeitigen Grenzen ablehnt, in Westjerusalem sind es nur 13 % der Bewohner. Der Option, die Stadt zu teilen, aber beiden Seiten gleichberechtigten Zugang zum jeweils anderen Teil zu ermöglichen, stimmten 43 % der Palästinenser und 69 % der Israelis zu. Zumindest diese Zahlen geben leisen Grund zur Hoffnung, dass der seit Jahrzehnten schwelende Konflikt vielleicht eines Tages doch zugunsten einer für beide Seiten annehmbaren Lösung friedlich beigelegt werden kann. Bis dahin werden Juden und Araber wohl weiterhin eher neben- statt miteinander leben.

Die Wachanlagen in Bethlehem 47 sind sehr beeindruckend

Von den Anfängen bis zur Gegenwart

- **Um 1800 v. Chr.:** Quellen belegen die Existenz der kanaanäischen Stadt Juruschalim.
- **1458 v. Chr.:** Juruschalim wird von Ägypten erobert.
- **13. Jh. v. Chr.:** Die Stadt wird vom Volk der Jebusiter besetzt.
- **1000 v. Chr.:** Laut der Bibel soll König David die Stadt erobert und sie zum Zentrum seines Reiches ausgebaut haben, wobei ihm durch eine List die Einnahme der Jebusiterfestung gelingt.
- **965 v. Chr.:** König Salomo, Sohn Davids, lässt den großen Tempel errichten. Nach seinem Tod zerfällt das Reich in die beiden Teile Judäa und Israel, Jerusalem ist fortan Hauptstadt von Judäa.
- **587 v. Chr.:** Nebukadnezar II. erobert die Stadt, die Eliten werden ins sog. babylonische Exil entführt. Wenig später kommt es zu einer Erhebung gegen die neuen babylonischen Herrscher, bei der die Stadt und der Tempel dem Erdboden gleichgemacht werden, die Bundeslade mit den Zehn Geboten geht verloren.
- **539 v. Chr.:** Babylon wird durch den Perserkönig Kyros II. erobert, der den Juden die Rückkehr nach Jerusalem gestattet. Ein bescheidener zweiter Tempel wird errichtet.
- **4.–2 Jh. v. Chr.:** Nach der Eroberung des Perserreiches durch Alexander den Großen wechselt die Herrschaft über Jerusalem unter dessen Nachfolgern mehrfach zwischen Seleukiden und Ptolemäern. Im Jahr 164 v. Chr. wird die Stadt von Judas Makkabäus erobert. Die jüdische Unabhängigkeit ist wiederhergestellt. Gläubige Juden feiern das Ereignis und die Wiedereinweihung des Tempels bis heute beim Chanukka-Fest (s. S. 92).
- **64 v. Chr.:** Die Stadt wird unter Pompeius von den Römern erobert, 12.000 Juden sterben. In den folgenden Jahrhunderten steht Jerusalem unter römischem Einfluss.
- **Zeitenwende:** Herodes der Große, u. a. von Augustus eingesetzt, herrscht 40 Jahre über das Land und baut den Zweiten Tempel aus bzw. lässt ihn neu errichten. Nach seinem Tod vergibt Rom keine Königstitel mehr an die Juden. Judäa wird endgültig römische Provinz und von einem Statthalter verwaltet. Jesus Christus soll in Bethlehem 47 geboren und in Jerusalem unter dem Statthalter Pontius Pilatus hingerichtet worden sein. Nach dem Tod Herodes des Großen wird das Reich in vier Bereiche geteilt.
- **70 n. Chr.:** Während der Jüdischen Kriege (ab 66 n. Chr.), bei denen sich die Juden gegen die römische Fremdherrschaft auflehnen, wird der Tempel unter Kaiser Vespasian zerstört. Lediglich die Klagemauer 8, die einstige Westmauer des Tempels, ist heute noch erhalten. Die Stadt wird dem Erdboden gleichgemacht, Hunderttausende Menschen finden den Tod, das Leben in der jüdischen

067je-mb

Hoch verehrt: überlieferter Handabdruck von Jesus an der Via Dolorosa 12

066je-mb

Diaspora beginnt. Fortan fristet die Reststadt unter der Bezeichnung Aelia Capitolina ein trauriges Dasein, Juden ist der Zutritt zur Stadt verboten.

- **4. Jh.:** Helena, die Mutter Konstantins des Großen, besucht die Stadt. Als Christin initiiert sie eine Reihe bedeutender Bauten, darunter die Grabeskirche 13 und die Geburtskirche in Bethlehem. Da das Christentum später Staatsreligion des Römischen Reichs wird, kommt Jerusalem eine besondere Bedeutung zu und die Stadt erblüht wieder.
- **6./frühes 7. Jh.:** Untergang Westroms, Jerusalem steht fortan unter dem Einfluss des Byzantinischen Reiches. Wenig später wird die Stadt vom Schah von Persien erobert. Tausende Christen werden ermordet, Grabeskirche und Jakobuskirche 3 werden in Brand gesteckt. Der Schah übergibt die Stadt daraufhin den Juden. Nachdem sich unter Nehemaia II. eine Schreckensherrschaft etabliert hat, vertreibt der Schah die Juden aus der Stadt, in der Folge kontrollieren die Christen Jerusalem wieder. Der neu entstandene Islam dehnt seinen Machtbereich in der Region immer weiter aus.
- **637:** Die Stadt wird freiwillig an Kalif Omar übergeben. Bis zum 11. Jh. steht sie unter muslimischer Kontrolle, wobei verschiedene Herrscherhäuser beteiligt sind, unter denen besonders die Abbasiden und Fatimiden von Bedeutung sind. Je nach Herrscher werden Juden und Christen mal mehr, mal weniger Freiheiten gewährt, teilweise sind sie auch Verfolgung ausgesetzt und ihre religiösen Stätten werden zerstört, darunter die Grabeskirche.
- **687–691:** Der Felsendom 15 wird errichtet.
- **705 oder 715:** Bau der Al-Aksa-Moschee 14
- **1033:** Ein verheerendes Erdbeben sucht die Stadt heim und zerstört zahlreiche Gebäude.
- **1099:** Eroberung der Stadt durch ein christliches Heer im Ersten Kreuzzug (unter Papst Urban II.), Massaker an der nicht christlichen Zivilbevölkerung, Gründung des Königreichs Jerusalem. Gründe für den Kreuzzug waren u. a. ein Massaker an christlichen Pilgern, der Niedergang Konstantinopels, die Eroberung der Stadt durch ein turkmenisches Heer, protokoloniales Gedankengut und die allgemeine Gefahr, Christen könnte der

Holz-Interieur einer historischen Synagoge im Israel Museum 39

Zugang zu den heiligen Stätten zukünftig verwehrt bleiben. Nach der Eroberung der Stadt wird das Königreich Jerusalem ausgerufen. In der Folge entsteht die Grabeskirche in ihrer heutigen Form.

- **1187:** islamische Rückeroberung der Stadt unter Sultan Saladin. Es folgen weitere Kreuzzüge.
- **1192:** Im Frieden von Jaffa wird Palästina geteilt. Das christliche Königreich etabliert sich, dessen neues Zentrum Akko wird, während Jerusalem unter Saladins Kontrolle bleibt. Letzterer sichert den Christen aber den Zugang zu ihren heiligen Stätten zu.
- **1229:** Während des Fünften Kreuzzugs gelingt es dem römisch-deutschen Kaiser Friedrich II., einen Friedensvertrag auszuhandeln, der ihm die Kontrolle über Jerusalem und Bethlehem gewährt und ihn zum König von Jerusalem bestimmt.
- **1244:** Eroberung Jerusalems durch ein muslimisches tatarisches Heer. Bis ins 20. Jh. ist die Herrschaft christlicher Mächte über die Stadt damit beendet. In den folgenden 300 Jahren wird die Stadt von Mamelucken kontrolliert.
- **1535:** Errichtung der Stadtmauer unter dem Osmanen Süleyman I. („der Prächtige"). Die Osmanen, die das Erbe der Mamelucken in der Region angetreten haben, herrschen bis zum Ersten Weltkrieg über die Stadt, wobei insbesondere Süleyman I. Jerusalem in baulicher Hinsicht seinen Stempel aufdrückt.
- **1830er-Jahre:** Nachdem Napoleon einen Feldzug nach Jerusalem abbrechen musste, gelingt dem albanischen Feldherrn Ibrahim dem Roten (Ibrahim Pascha) die Eroberung der Stadt. Nachdem Ibrahim europäischen Mächten Einfluss in der Stadt gewährt, verzichtet er zugunsten von Ägypten auf Jerusalem und Syrien. 1840 ziehen die Osmanen wieder in die Stadt ein.
- **Ab ca. 1850:** Die Stadt ist immer stärker russisch geprägt. Nicht nur erhält die russisch-orthodoxe Kirche die Oberhoheit über die Grabeskirche, es lassen sich auch zahllose gläubige Juden aus dem Zarenreich in der Stadt nieder, die vor den Pogromen in ihrer Heimat fliehen. Als Folge verhängen die Osmanen 1882 ein Einwanderungsverbot für Juden, um den muslimischen Charakter der Stadt aufrechtzuerhalten.
- **Um 1900:** Als Reaktion auf Judenverfolgungen in Europa gewinnt die neue Idee des Zionismus, dessen prominentester Vertreter der Wiener Theodor Herzl (s. S. 60) ist, immer mehr an Bedeutung. Kaiser Wilhelm II. besucht Jerusalem und initiiert zahlreiche Bauten, die bis heute existieren.
- **Ab 1917:** Unter Franz von Papen, dem späteren deutschen Reichskanzler und Vizekanzler unter Hitler, steht die Stadt im Ersten Weltkrieg kurzzeitig unter deutscher Kontrolle. Anschließend erfolgt die Besetzung Jerusalems durch britische Truppen, die Palästina zu ihrem Mandatsgebiet erklären. In den folgenden Jahrzehnten ziehen immer mehr Juden aus aller Welt ins heutige Israel. Diese Jahre sind geprägt vom wachsenden Konflikt zwischen Juden und Arabern sowie Anschlägen auf Vertreter der Mandatsmacht.
- **1948:** Gründung des Staates Israel am 14. Mai, auch als Reaktion auf die Schrecken des Holocaust in Europa. Für die Palästinenser beginnt die „Nakba", die „Katastrophe" – Hunderttausende verlieren oder verlassen ihre Heimat. Unmittelbar nach der Erklärung der Unabhängigkeit greifen Ägypten, Jordanien, der Irak, Syrien und Libanon Israel an, später beteiligt sich auch die saudische Armee. Das Jüdische Viertel wird verwüstet. Wie durch ein Wunder geht Israel im Krieg nicht unter, auch weil die arabische Allianz heillos zerstritten ist. Die Altstadt, das Westjordanland und Ostjerusalem gelangen nach Abschluss der Kämpfe

unter jordanische Kontrolle. Jerusalem wird zur Hauptstadt des neu gegründeten Staates erkoren, diese wird jedoch von den meisten Staaten nicht anerkannt.

› **20. Juli 1951:** Der jordanische König Abdallah, der offiziell auch als König von Jerusalem fungiert, wird in der Vorhalle der Al-Aksa-Moschee von einem palästinensischen Attentäter erschossen, vermutlich weil er gegenüber Israel eine aus dessen Sicht zu nachgiebige Politik verfolgte.

› **1959:** Yasser Arafat gründet die palästinensische Organisation Fatah. Wenig später wird auch die PLO gegründet, die Palästinensische Befreiungsorganisation.

› **1967:** Im Sechstagekrieg gelingt Israel die Eroberung Ostjerusalems.

› **1987–1993:** Gründung der radikalislamischen Hamas 1987. Eine palästinensische Revolte im Gazastreifen führt im selben Jahr zur Ersten Intifada („Erhebung"). Der Frieden von Oslo, 1993 zwischen Rabin, Peres und Arafat unter der Aufsicht von Bill Clinton geschlossen, besiegelt den blutigen Konflikt. Die dadurch getroffenen Vereinbarungen, darunter freier Zugang für Muslime zum Tempelberg und die Einrichtung von durch die Palästinensische Autonomiebehörde verwalteten Gebieten (Gazastreifen und Westjordanland), haben im Prinzip bis heute Bestand, sind aber mehr als brüchig.

› **2000–2005:** Zweite Intifada – die zweite palästinensische Erhebung zerstört endgültig den Traum von einer gemeinsamen jüdischen und arabischen Stadt. Einer der Auslöser ist das Scheitern der Verhandlungen über den abschließenden Status Palästinas in Camp David. In der Folge entstehen die israelischen Sperranlagen, besonders aus dem Gazastreifen ist eine Ausreise kaum bzw. nur zu bestimmten Zeiten möglich. Die israelische Gesellschaft erlebt einen spürbaren Rechtsruck. Die Palästinenser leben immer abgeschiedener von der Außenwelt und verarmen zusehends.

› **seit 2006:** Religiöse und politische Spannungen nehmen zu, auch weil Israel jüdische Siedlungen in eigentlich von Palästinensern kontrollierten Gebieten finanziell fördert. Jerusalem zählt trotz seiner Bedeutung zu den ärmsten Städten des Landes und ist von vielen sozialen Problemen geprägt, die längst nicht nur auf Ostjerusalem beschränkt bleiben.

› **2019:** Die USA eröffnen ihre Botschaft in Jerusalem, was den Konflikt zukünftig weiter anheizen könnte.

› **2020/2021:** Die Coronakrise trifft das Land zunächst hart, weshalb die Regierung einen Lockdown verhängt, der zu den schärfsten der Welt gehört. Durch eine gut geplante Impfkampagne gelingt es dem Land, Anfang 2021 zum Spitzenreiter in Sachen Impfung zu avancieren. Mittlerweile ist die Kampagne aber ins Stocken geraten, da sich viele Menschen aus religiösen Gründen nicht impfen lassen wollen und es Verteilungsprobleme in den palästinensischen Gebieten gibt.

› **2022:** geplante Eröffnung des Museums der Toleranz, einem vom Simon Wiesenthal Center initiierten spektakulären Projekt in der Neustadt

069je-mb

Herzkammer des modernen Israel: die Knesset 38, das Parlament

068je-mb

Leben in der Stadt

„Himmlisches, Nationales und Emotionales in Jerusalem in Einklang zu bringen hat schon zu den besten Zeiten Ähnlichkeit mit einem Puzzle, das es in einem Labyrinth zusammenzufügen gilt."

Simon Sebag Montefiore, britischer Journalist

Die komplizierte politische Lage macht es den Jerusalemern nicht immer einfach, in „ihrer" Stadt zu leben. De facto ist Jerusalem in zwei Bereiche unterteilt, die jeweils ein Eigenleben führen, einen **arabischen** und einen **israelischen Teil: Ost- bzw. Westjerusalem.** Dies macht das „Zusammenleben", von dem man eigentlich kaum sprechen kann, zu einem Problem. Palästinensische Busse verkehren neben israelischen und es genügt schon ein Blick auf die Fahrgäste, um zu erkennen, dass man lieber unter sich bleibt und sich bestenfalls aus kritischer Distanz begutachtet.

Heute ist Jerusalem **eine der ärmsten Städte des Landes**, was viele Gründe hat. Zum einen macht die De-facto-Teilung der Metropole wirtschaftlichen Austausch zwischen der israelischen und der palästinensischen Seite schwierig, wozu auch unterschiedliche Ruhetage beitragen. Ein großes Problem stellen ferner die vielen **ultraorthodoxen Juden** dar, die aus religiösen Gründen keiner Arbeit nachgehen. Sie stellen mittlerweile über ein Viertel der Stadtbevölkerung und werden vom Staat finanziell unterstützt. Schätzungsweise 30 % der Jerusalemer sind auf Sozialhilfe angewiesen, 45 % gelten als arm. Neben den ultraorthodoxen Männern gehen auch viele arabische Frauen häufig keiner Beschäftigung nach.

Allgegenwärtig: freundlich, aber bestimmt auftretende israelische Sicherheitskräfte

070je-mb

Beides führt zu einem sehr niedrigen Steueraufkommen – so muss der Staat seiner „Hauptstadt" finanziell massiv unter die Arme greifen. Schon auf den ersten Blick fällt auf, dass im Zuge dessen vor allem die mehrheitlich von Israelis bewohnten Gebiete versorgt werden, die arabischen Stadtteile im Osten dagegen leiden an Vermüllung und schlechten Straßen. Allerdings wurden zuletzt Anstrengungen unternommen, die Kluft zu verkleinern.

Auch Jerusalem profitiert mittlerweile vom **Start-up- und Hightech-Boom** des Landes, der längst nicht mehr nur auf Nordisrael beschränkt bleibt. Dank der renommierten **Hebrew University** könnten in den nächsten Jahren noch weit mehr gut ausgebildete Fachkräfte auf den lokalen Arbeitsmarkt strömen. Es bleibt allerdings abzuwarten, welche Auswirkungen die mit Corona verbundene Wirtschaftskrise langfristig auf die Stadt haben wird.

Allgegenwärtig ist in Israel die **Gefahr von Anschlägen, Raketenangriffen und Krieg.** Auf bewundernswerte Weise schaffen es die Bewohner dieses kleinen Landes, das sich von Staaten umgeben sieht, die ihm – wohlwollend ausgedrückt – nicht immer freundlich gesinnt sind, dennoch ihre Leichtigkeit zu bewahren und eine Gelassenheit auszustrahlen, die in Mitteleuropa so kaum bekannt ist. Besuchern wird indes schnell auffallen, dass die Terrorgefahr dennoch allerorts spür- und sichtbar ist. So sind die muslimischen Bewohner Jerusalems häufigen Kontrollen ausgesetzt, sei es auf offener Straße oder sogar am Eingang zum Einkaufszentrum, der mitunter so stark gesichert ist wie der Abflugbereich eines Flughafens. An den allgegenwärtigen Anblick von Schusswaffen muss man sich als Europäer erst einmal gewöhnen – auch Nichtuniformierte sind oft mit Maschinengewehren oder Pistolen zu sehen, was das Sicherheitsempfinden der Touristen nicht unbedingt positiv beeinflusst.

Aus dem Boden schießende jüdische Siedlungen wie diese sind vielen Palästinensern ein Dorn im Auge

PRAKTISCHE REISETIPPS

071je-mb

An- und Rückreise

In der Regel reist man mit dem **Flugzeug** an und landet am **internationalen Flughafen Ben Gurion** (Kürzel TLV, www.iaa.gov.il). Jerusalem teilt sich diesen Airport mit Tel Aviv, er befindet sich rund 50 km westlich der Heiligen Stadt. Der Flughafen verfügt über drei Terminals. Die Einreise aus Mitteleuropa erfolgt meist über das 2018 erweiterte Terminal 3. Fliegt man mit einer Low-Cost-Airline nach Jerusalem, kommt man am Terminal 1 an. Der Ausgang des Flughafens ist am Terminal 3, das nach einer ca. 10-minütigen Fahrt mit dem **Shuttlebus** erreicht ist; der Bus verkehrt ca. alle 10–20 Min.

Direktverbindungen aus Mitteleuropa bestehen derzeit von Baden-Baden, Basel, Berlin, Düsseldorf, Frankfurt/Main, Genf, Hamburg, Memmingen, München, Nürnberg, Salzburg, Stuttgart, Wien und Zürich, die Flugzeit beträgt ca. 3½ bis 4½ Stunden.

Vom Flughafen in die Stadt

Mit dem halbstündlich von Terminal 3 verkehrenden **Zug**, der am **Bahnhof Yitzhak Navon** [aj] hält und von 6.30 bis 19.30 Uhr fährt, ist Jerusalem bequem und schnell erreichbar (Fahrzeit ca. 20 Min.). Mit derzeit 17 ₪ ist die Fahrt günstig. Wichtig: Am **Schabbat** (Freitag- bis Samstagabend) fährt der Zug nicht. Das gilt auch für die **Busse**, die Fahrt ist allerdings zeitintensiver, weshalb der Zug vorzuziehen ist. **Taxis** stehen in ausreichender Anzahl zur Verfügung.

Vorseite: Im Rahmen geführter Touren lassen sich Orte wie der Cardo ❻ unkompliziert kennenlernen

Bei der Fahrt nach Jerusalem (Fahrzeit ca. 1 Std.) sollte man auf einem Festpreis bestehen (350–400 ₪ sind angemessen). Man kann auch versuchen, andere Leute anzusprechen und sich den Fahrpreis zu teilen. Kommt man am Schabbat an und hat keinen Mietwagen oder es steht kein **Sherut** (Sammeltaxi, s. S. 125) zur Verfügung, bleibt einem nichts anderes übrig, als ein Taxi zu nehmen.

Autofahren

Mit dem eigenen Pkw wird kaum jemand nach Israel reisen, aber es ist durchaus sinnvoll, sich direkt am Flughafen einen **Mietwagen** zu leihen, wenn man neben Jerusalem noch andere touristische Highlights wie Tel Aviv, das Tote oder das Rote Meer erkunden möchte. Wer nur nach Jerusalem reist, für den lohnt sich ein Mietwagen allerdings nicht. Staus und horrende Parkgebühren sowie ein gut funktionierender Nahverkehr (s. S. 123) machen ein eigenes Gefährt unnötig, zumal die Fahrt vom Flughafen in die Stadt mit öffentlichen Verkehrsmitteln unkompliziert ist.

Die Buchung eines Mietwagens erfolgt vorab online oder unkompliziert in der Ankunftshalle, oft erhält man sein Auto nach kurzer Fahrt mit einem Shuttlebus außerhalb des Flughafens. Meist gilt je nach Anbieter ein Mindestalter von 21 bis 25 Jahren. Die Preise sind gemessen am allgemeinen Preisniveau recht niedrig.

Die **Straßen** in Israel sind in einem ausgezeichneten Zustand, sofern die Gebiete von der israelischen Regierung verwaltet werden. Das gilt auch für Korridore, die durch Bereiche führen, die von der palästinensischen Autonomiebehörde verwaltet werden.

Wer nach Süden und somit durch das **Westjordanland** fährt, muss sich keine Gedanken machen: Scharfe Kontrollen erfolgen nur bei der Abfahrt in palästinensische Städte, unterwegs passiert man aber gelegentlich **militärische Checkpoints**, an denen Europäer nach Zeigen ihres Passes meist einfach durchgewunken werden. Außer dem **EU-Führerschein** sind keine weiteren Dokumente erforderlich.

Die **Straßenschilder** sind dreisprachig (hebräisch, arabisch und englisch), was die Orientierung vor Ort extrem erleichtert.

Verkehrsregeln

- **Höchstgeschwindigkeit:** 100 km/h auf Autobahnen, 90 km/h auf Landstraßen bzw. außerhalb geschlossener Ortschaften und 50 km/h (sofern nicht anders angegeben) innerhalb von Städten
- Die **Promillegrenze** liegt bei 0,5 ‰ bzw. bei Fahranfängern bei 0,1 ‰.
- **Warndreieck, Warnweste, Feuerlöscher** und **Verbandskasten** müssen mitgeführt werden.
- In den **Wintermonaten** muss man auch tagsüber das **Abblendlicht** einschalten.

Tanken

Beim Tanken muss meist **vorab bezahlt** werden. Die Terminals sind oft nur auf Hebräisch bedienbar, sodass man auf die Hilfe des Tankwarts angewiesen ist. Bezahlt man mit **Kreditkarte**, wird oft ein relativ hoher Sicherheitspfand hinterlegt, bis der eigentliche Betrag abgebucht wird. Erscheint die Tankstelle nicht seriös, sollte man davon Abstand nehmen und lieber in bar bezahlen. Die **Benzinpreise** liegen etwas über den in Deutschland üblichen, dasselbe gilt für Diesel.

Parken

Parken ist in Jerusalem eine Herausforderung – vor allem in finanzieller Hinsicht. In die Altstadt kann man nicht mit dem Auto fahren. Ansonsten muss man meist mit den teuren öffentlichen **Parkhäusern** Vorlieb nehmen, daneben gibt es blau-weiß markierte **Parkzonen**. In rot-weiß markierten Bereichen ist das Parken verboten. Die Markierungen sind jeweils auf den Bordstein gemalt.

Die Parkgebühren zahlt man entweder mit Bargeld am Automaten, mithilfe der App **cellopark** (kostenlos für Android und iOS) oder per SMS (Anleitung auch auf Englisch an den Automaten).

Wartehalle des modern gestalteten Flughafens Ben Gurion

Orientierung per Smartphone

Online-Kartendienste wie Google Maps sind für den Einsatz in Israel nur bedingt geeignet, was vor allem politische Gründe hat. Die grau gestrichelten Linien, welche die laut Meinung der meisten Staaten zu Palästina gehörigen Gebiete kennzeichnen, sind keine festen Grenzen – man kann sich also über diese hinweg bewegen, ohne überhaupt mitzubekommen, dass es sich um umstrittene Zonen handelt. Andererseits sind Gebiete jenseits der Mauer (u. a. Bethlehem 47) nicht als solche gekennzeichnet, da Israel die von ihm verwalteten Zonen selbst festlegt.

Auch der aus Israel stammenden, beliebten App **Waze** kann man nur bedingt vertrauen. Kurzfristige Straßensperrungen werden von den Apps nicht oder nur schlecht erfasst, sodass einem bei der Orientierung lediglich übrig bleibt, sich auf den gesunden Menschenverstand zu verlassen und mit seinem Mietwagenverleiher frühzeitig abzuklären, welche Gebiete angefahren werden dürfen. Wenn man in andere Landesteile unterwegs ist, z. B. nach Tel Aviv oder Eilat am Roten Meer, kann man sich aber im Allgemeinen darauf verlassen, dass die Autobahnen unter israelischer Kontrolle stehen und dass somit auch der Versicherungsschutz gewährleistet ist.

P104 [B2] **Damascus Gate Parking,** Sultan Suleiman Street. Unweit des Damaskustors 9 befindet sich ein kleiner, bewachter Parkplatz, den man für 10 ₪ die Stunde nutzen kann. 18–7 Uhr werden pauschal nur 14 ₪ fällig.

P105 [A3] **Karta Parking,** direkt vor bzw. unterhalb des Jaffators 1 am Eingang zur Altstadt. Modernes bewachtes Parkhaus, die erste Stunde kostet 10 ₪, dann werden alle 15 Min. 4 ₪ fällig bis zu einem Maximalbetrag von 60 ₪ pro Tag.

Barrierefreies Reisen

Eine Reise nach Jerusalem ist für Menschen mit Handicap eine **Herausforderung.** Viele Hügel, enge Bürgersteige und schlechte Straßen in der Altstadt sind die Haupthindernisse für Rollstuhlfahrer. Auf der anderen Seite legt Israel seit Jahren viel Wert darauf, mobilitätseingeschränkten Personen den Besuch so angenehm wie möglich zu gestalten. Zahlreiche Restaurants, Museen und natürlich Hotels verfügen über entsprechende Einrichtungen. Die Straßenbahnen sind alle barrierefrei. Gelegentlich gibt es akustische Signale an Ampeln, in israelischen Bussen (s. S. 124) erfolgen die Ansagen auch auf Englisch, während es in palästinensischen Bussen gar keine Durchsagen gibt.

Die Organisation **Access Israel** biete auf ihrer englischsprachigen Website hilfreiche praktische Tipps, insbesondere für Touristen. Über den kompetenten Anbieter **Israel 4 all** kann man Mehrtagestouren buchen und erhält Hilfe bei der Suche nach barrierefreien Unterkünften, Mietwagen etc.

› www.aisrael.org/eng (unter „Accessible Vacation Guide")
› www.israel4all.com

Diplomatische Vertretungen

Zu Hause

› **Botschaft des Staates Israel in Deutschland,** Auguste-Viktoria-Str. 74–76, 14193 Berlin, https://embassies.gov.il/berlin, Mo.–Fr. 9.30–12.30 Uhr (nur nach Voranmeldung), Tel. (Mo.–Do. 14–16 Uhr) 030 89045523 (Visaabteilung)

- **Botschaft des Staates Israel in Österreich**, Anton-Frank-Gasse 20, 1180 Wien, https://embassies.gov.il/vienna, Tel. 01 476460, Mo.–Fr. 9–12 Uhr, telefonische Auskünfte Mo.–Do. 12.30–14.30, Fr. 12.30–13.30 Uhr
- **Botschaft des Staates Israel in der Schweiz**, Alpenstr. 32, 3000 Bern, https://embassies.gov.il/bern, Konsularabteilung Mo.–Fr. 9–12 Uhr, Auskunft Mo.–Fr. 12–14 Uhr unter Tel. 031 3563587

In Israel

In Jerusalem unterhalten die meisten Staaten keine Botschaften, diese befinden sich in Tel Aviv. Österreich verfügt zwar über ein Honorarkonsulat in Jerusalem, sämtliche Anfragen (z. B. bei Passverlust) sind jedoch an die Botschaft zu richten.

- **Deutsche Botschaft**, Daniel Frisch Street 3, Tel Aviv, https://tel-aviv.diplo.de/il-de, Tel. +97 236931313
- **Österreichische Botschaft**, Sason Hogi Tower, 4. OG, Abba Hillel Silver Street 12, Tel Aviv, www.bmeia.gv.at/oeb-tel-aviv, Tel. +97 236120924
- **Schweizer Botschaft**, Hayarkon Street 228, Tel Aviv, www.eda.admin.ch, Tel. +97 235464455, Helpline EDA Tel. +41 800 247365

Ein- und Ausreisebestimmungen

Einreise

Für die Einreise nach Israel wird ein gültiger **Reisepass** benötigt, ein Personalausweis allein reicht nicht aus. Dies gilt für Deutsche, Österreicher und Schweizer. Der Pass muss noch mindestens sechs Monate gültig sein.

Ein **Visum** ist grundsätzlich nicht nötig, sofern man als Deutscher nach 1928 geboren ist. Wer davor geboren ist, könnte theoretisch an nationalsozialistischen Verbrechen beteiligt gewesen sein und muss bei der Botschaft ein Visum beantragen.

Bei der Einreise über den Flughafen Ben Gurion (s. S. 104) erhält man eine **Einreisekarte**, die man bis zum Ende des Aufenthalts (max. 90 Tage) aufbewahren muss. Der Pass wird nicht gestempelt, was den Vorteil bietet, dass man später z. B. in arabische Länder oder den Iran reisen kann, die keine freundschaftlichen Beziehungen mit Israel unterhalten.

Die **Einreiseformalitäten** dauern in der Regel nicht länger als ein paar Minuten. Wer aber zuvor ein islamisches Land, z. B. die Türkei, Indonesien oder den Iran, besucht hat, muss sich auf eine eventuell eingehende-

Wichtige Anlaufstelle für Landsleute: das Österreichische Hospiz 11

073je-mb

re Sicherheitsbefragung einstellen, die durchaus mehrere Stunden in Anspruch nehmen und eine Komplettdurchsuchung des Gepäcks beinhalten kann. Gleiches gilt für Deutsche mit arabischen Wurzeln, muslimischem Hintergrund oder Menschen, die sich z. B. durch ihre Kleidung offensichtlich als Muslime zu erkennen geben oder ganz allgemein südländisch aussehen. Die Einreise kann verweigert werden, wenn man in der Vergangenheit zum Boykott Israels aufgerufen hat, hierzu kann es bereits ausreichen, einen Post in sozialen Netzwerken mit israelkritischem Inhalt geliked zu haben.

Eine **Reise ins Westjordanland,** etwa nach Bethlehem 47, stellt im Allgemeinen kein Problem dar, man sollte aber seine Einreisekarte und natürlich den Pass mit sich führen (Details s. S. 66).

Der Autor empfiehlt unseren deutschen Lesern, sich für den Zeitpunkt des Aufenthalts in die **Krisenvorsorgeliste Elefand** eintragen zu lassen. Dadurch weiß die Botschaft, welche Deutschen im Land sind, und kann z. B. im Fall eines Kriegsausbruchs oder bei aufflammenden Unruhen Angehörige in Deutschland verständigen oder Personen ausfliegen lassen.

› https://elefand.diplo.de

Aktuelle Hinweise zur **Einreise in Coronazeiten** stehen auf der Website des Auswärtigen Amtes:

› www.auswaertiges-amt.de/de/ReiseUndSicherheit/israelsicherheit/203814

Ausreise

Bei der Ausreise sollte man vor allem **viel Zeit mitbringen** und sich **mindestens drei Stunden vor Abflug** am Flughafen einfinden. An dieser Stelle kann keine Aussage darüber getroffen werden, wie lange die Ausreiseformalitäten dauern, da dies vom bisherigen Reiseverhalten und der Einschätzung der Beamten vor Ort abhängt. Zunächst wird der Pass überprüft und man muss sich einer **Sicherheitsbefragung** unterziehen. Hat man diese durchlaufen, erhält man einen Aufkleber auf seinen Pass und kann sein Gepäck aufgeben. Anschließend erfolgt die vollautomatische Ausgabe eines **Ausreisezettels,** ehe man beim Check des Handgepäcks möglicherweise auf Herz und Nieren geprüft wird (was mit etwas Pech durchaus wörtlich zu verstehen ist). Hat man all diese Hürden genommen, steht einem Heimflug nichts mehr im Wege.

Ein- und Ausfuhrbestimmungen

Zollfrei eingeführt werden dürfen neben persönlichen Wertgegenständen 1 l Spirituosen, 2 Flaschen Wein, 200 Zigaretten, 250 ml Parfüm und Geschenke bis zu einem Gesamtwert von 150 US$. Eventuell unterliegen auch bestimmte Laptops oder professionelle Fotoausrüstung besonderen Einfuhrbestimmungen. Im Zweifelsfall sollte man bei einem Mitarbeiter des Zolls nachfragen bzw. den roten Ausgang nehmen.

Generell verboten ist die Einfuhr von Frischfleisch- und Milchprodukten. **Devisen** müssen erst ab einem Wert von 80.000 ₪ (ca. 20.000 €) deklariert werden, so viel Bargeld wird aber vermutlich niemand mit sich führen. Sollte man vor Ort **Antiquitäten** erworben haben, so ist eine Genehmigung der Antiquitätenbehörde einzuholen:

› www.antiquities.org.il

Elektrizität

In Israel und den palästinensischen Gebieten werden **Stecker des Typs H** verwendet. Die Steckdosen sind dreipolig. Bei älteren Steckdosen benötigt man einen **Adapter**, manchmal passen aber auch die in Mitteleuropa üblichen Euroflachstecker, insbesondere in Hotels. Hat man eine Privatunterkunft gebucht, sollte man zur Sicherheit einen Adapter einpacken, diesen erhält man aber auch am Flughafen.

074je-mb

Wechselkurs

1 ₪	0,28 €/0,29 SFr
1 €	3,53 ₪
1 SFr	3,38 ₪

(Stand: Anfang 2022)

Geldfragen

Währung und Zahlungsmittel

Die offizielle Währung ist der **Neue Israelische Schekel** (kurz: NIS, ILS, ₪, Plural auf Hebräisch: Schkalim). Er ist auch im Westjordanland das gültige Zahlungsmittel. Ein Schekel unterteilt sich in 100 **Agorot.** Es gibt Banknoten zu 20, 50, 100 und 200 Schekel sowie Münzen zu ½, 1, 2, 5 und 10 Schekel. In touristischen Gegenden werden häufig auch Euro, insbesondere aber **US-Dollar** akzeptiert.

Viele Banken sperren ihre **Debitkarten** bzw. **Girocards** für den außereuropäischen Einsatz. Israel wird allerdings in dieser Hinsicht wie ein europäisches Land behandelt, sodass die Karten meist nicht extra freigeschaltet werden müssen. Auch **V Pay** funktioniert. Bargeldloses Bezahlen mit **Kreditkarte** ist deutlich verbreiteter als in Mitteleuropa. **Bankautomaten** geben häufig nur einen Maximalbetrag von 500 ₪ aus, was ärgerlich ist, wenn man für jeden Abhebevorgang bei seiner Hausbank eine bestimmte Gebühr entrichten muss. Etliche Geldautomaten akzeptieren keine mitteleuropäischen Karten, dann hilft nur der Gang zum nächsten.

Bargeld kann man in einer der vielen **Wechselstuben** tauschen. Meist befinden sich mehrere dieser Einrichtungen in unmittelbarer Nähe zueinander, sodass sich ein Kursvergleich lohnt. Man sollte ferner darauf achten, dass keine Provision erhoben wird und dass stets der Ein- und der Verkaufskurs angegeben sind (Faustregel: Für den Kunden gilt je nach Tauschrichtung immer der schlechtere Kurs).

Umrechnungskurs am Geldautomaten

Beim Abheben von Bargeld in Landeswährung wird manchmal angeboten, dass die Abrechnung mit dem eigenen Konto in Euro erfolgen kann. Das Verfahren ist als **Dynamic Currency Conversion (DCC)** bekannt. Wählt man diese Option, die ja siche-

Der 20-Schekel-Schein zeigt die Dichterin Rachel Bluwstein

rer erscheint, wird aber ein ungünstiger Wechselkurs zugrunde gelegt, der erhebliche Kosten verursachen kann. Deshalb sollte man Abhebungen immer in der Landeswährung vom eigenen Konto abbuchen lassen. Dann legt die eigene Bank den offiziellen Devisenkurs zugrunde.

Jerusalem preiswert

› Der **Jerusalem CityPass** (www.itraveljerusalem.com/de/jlm-city-pass) bietet je nach Paket (142–248 ₪) z. B. einen kostenlosen Transfer vom und zum Flughafen und kostenfreie Nutzung des israelischen ÖPNV, außerdem freien Eintritt oder Ermäßigungen beim Besuch von Sehenswürdigkeiten und Museen. Er ist entweder für drei oder sieben Tage gültig. Man kann den Pass am Flughafen oder in der Tourist Information kaufen bzw. abholen.

› Eine **Gratisführung** durch das israelische Parlament, die **Knesset** 38, ist eine spannende Erfahrung – und sogar auf Deutsch möglich. Auch die Gedenkstätte **Yad Vashem** 45 lässt sich kostenlos besuchen.

› Unter **www.itraveljerusalem.com/de/evt/?evt-other=free-de** ist ein aktueller Veranstaltungskalender zu finden, der Events auflistet, für die kein Eintrittsgeld fällig wird.

› Die meisten **religiösen Stätten** nehmen keinen Eintritt – und ihr Besuch gehört ohnehin bei jeder Jerusalem-Reise zum Programm.

› Selbstversorger sollten die **Märkte der Stadt** (s. S. 89) aufsuchen: Oft werden hier für gleiche Produkte deutlich günstigere Preise verlangt als in den Supermärkten.

Preisniveau

Israel ist ein eher **teures Pflaster.** Das gilt vor allem für **Hotels und Restaurants,** wo das Preisniveau etwa 50 % über dem deutschen liegen dürfte. Auch **Einkäufe** im Supermarkt gehen schnell ins Geld, günstiger wird es auf den Märkten der Stadt. Lediglich Kleidung ist recht preiswert. Vergleichsweise wenig muss man für die Nutzung von **Bus und Straßenbahn** zahlen, auch **Taxifahrten** sind im Allgemeinen günstiger als viele erwarten würden.

Hygiene

Der hygienische Standard ist meist gut, gelegentlich aber noch ausbaufähig. **Leitungswasser** kann bedenkenlos getrunken und zum Zähneputzen verwendet werden, schmeckt jedoch leicht chlorhaltig. In den palästinensischen Gebieten ist die Hygienesituation oft deutlich schlechter. Hier finden sich auch häufig **Hocktoiletten,** zur Reinigung stehen meist eine Wasserkanne oder ein Schlauch bereit, nicht unbedingt Toilettenpapier. Daher empfiehlt es sich, feuchtes Toilettenpapier mitzunehmen. Alternativ kann man nach einer „amerikanischen Toilette" fragen, womit die bei uns üblichen Sitztoiletten gemeint sind. Generell steht neben der Toilette oft ein Eimer, in dem das Toilettenpapier zu entsorgen ist, da das Klo sonst verstopfen kann.

› Dreisprachige Hinweisschilder weisen den Weg zu den wichtigsten Orten der Stadt

Informationsquellen

Infostellen in der Stadt

Neben den **Touristeninformationen** kann man sich über **Tel. +97 2509000400** auch telefonisch oder per WhatsApp an die Infostellen wenden. Die hier genannten Infostellen helfen bei touristischen Fragen aller Art, unterstützen Gäste bei der Zimmeranmietung und offerieren zahlreiche Flyer mit Tourangeboten.

› **Touristeninformation am Flughafen,** Terminal 3, tägl. rund um die Uhr geöffnet

ℹ 106 [aj] **Touristeninformation im Zentrum,** Shazar Avenueum Yitzhak Navon Station 3, So.-Do. 6.30-20.30 Uhr

ℹ 107 [dk] **Touristeninformation in der Altstadt,** Rechov Jafo 1, am Jaffator ❶, Tel. +97 226271422, So.-Do. 8.30-17, Fr. 8.30-12 Uhr

ℹ 108 [B3] **Christliches Informationszentrum,** am Jaffator, Tel. +97 226272692, Mo.-Fr. 8.30-17.30, Sa. 8.30-12.30 Uhr. Hilfe für Pilger, Buchung von Unterkünften etc.

096je-as©danflcreativo - stock.adobe.com

Jerusalem im Internet

› **https://new.goisrael.com/de:** offizielle Internetseite des israelischen Fremdenverkehrsamts (auch auf Deutsch) mit Buchungsfunktion, Events und vielen praktischen Tipps zur Reisevorbereitung

› **https://reisenachjerusalem.com:** sympathischer Blog eines israelischen Tourguides, der viele interessant aufbereitete Infos zu Land und Leuten liefert

› **www.funinjerusalem.com:** übersichtliche englischsprachige Seite, die vor allem über Ausgehmöglichkeiten in der Stadt informiert, aber auch einige Tipps für Reisende mit Kindern bereithält

› **www.itraveljerusalem.com/de:** offizielle Website der Touristeninformation mit vielen Infos (auch auf Deutsch) zu den bedeutendsten touristischen Attraktionen, Veranstaltungskalender, Lokal- und Nachtleben-Tipps, Tourenbuchung u. v. m.

› **www.jerusalem.muni.il/en:** offizielle Webpräsenz der Stadtverwaltung (auch auf Englisch) mit Veranstaltungskalender und Infos zum Nahverkehr

Videos zum Einstimmen auf die Reise

› **www.youtube.com/watch?v=g68uGS-1tOs:** ZDF-Info-Doku über die verschollenen Schätze des Tempelbergs, ideal als Einführung vor einem Besuch des Areals

› **www.youtube.com/watch?v=2mR2W43t6tI:** 4000 Jahre Geschichte in fünf Minuten? Das englischsprachige Video zeigt genau das.

› **www.youtube.com/watch?v=XeHZ3UW7woE:** Im Urlaub will vermutlich niemand so früh raus wie die Protagonisten dieser GEO-Reportage, die das erwachende Leben in Jerusalem aus der Sicht von Müllwerkern zeigt – das bekommt man als Tourist nur selten zu Gesicht.

› **www.youtube.com/watch?v=2HjRnr3AfFo:** Der beliebte Youtuber MrWissen2go erklärt in dem kurzen Video auf verständliche Weise die Ursachen und Hintergründe des Nahostkonflikts.

Meine Literaturtipps

- Simon Sebag Montefiore: **Jerusalem. Die Biographie.** Der mehrfach ausgezeichnete Autor versteht es wie nur wenige, historische Stoffe so spannend wie einen Kriminalroman zu bearbeiten. In seinem monumentalen Jerusalem-Band beleuchtet der Historiker die Geschichte der Stadt unvoreingenommen und fundiert, ihm gelingt dabei die Quadratur des Kreises. Ideal zur Einstimmung auf die Reise.
- Yotam Ottolenghi; Sami Tamimi: **Jerusalem. Das Kochbuch.** Die beiden international gefeierten Köche und Kochbuchautoren haben in dem stimmungsvoll bebilderten Band nicht nur eine bloße Ansammlung von Rezepten zusammengetragen, sondern garnieren diese mit Hintergrundgeschichten und kurzweiligen kleinen Anekdoten. Nicht nur Klassiker der jüdischen Küche, sondern Speisen aus dem gesamten Orient werden in dem dicken Wälzer gebührend gewürdigt.
- Richard C. Schneider: **Alltag im Ausnahmezustand. Mein Blick auf Israel.** Eine sehr persönliche Darstellung des nicht immer einfachen Alltags in Israel von dem ehemaligen Leiter des ARD-Studios in Tel Aviv, der es auf wunderbare Weise versteht, Politik und Mentalität der Israelis darzustellen.
- Michael Wolffsohn: **Wem gehört das Heilige Land?** Unvoreingenommene Darstellung des Nahostkonflikts von dem in Tel Aviv geborenen deutschen Historiker. Ursachen und Folgen des Konflikts werden aus Sicht beider Parteien beleuchtet – ein Klassiker.

Smartphone-Apps

- **Audio Tours of Jerusalem:** Auf satten 24 englischsprachigen Audiotouren kann man sich mit dieser kartenunterstützten App durch Jerusalem bewegen (kostenlos für Android und iOS).
- **Gett:** Mithilfe der App kann man sich nach einmaliger Registrierung eine Fahrgelegenheit buchen, die dann per GPS zielgenau zur eigenen Position gelotst wird (kostenlos für Android und iOS).
- **History of Jerusalem:** englischsprachige App, die, unterteilt nach Epochen, über die oft verworrene Geschichte der Stadt informiert (kostenlos für Android)
- **Rav-Kav online:** Dank der englischsprachigen App kann man sich die nächstgelegenen Rav-Kav-Ladestationen für Bustickets anzeigen lassen (s. S. 124) und sich mittels des eigenen Kartenprogramms zu dieser führen lassen (kostenlos für Android und iOS, Download über https://ravkavonline.co.il).

Internet

Kostenloses **WLAN** (Wifi) wird von der Stadt in der German Colony 35, in der Fußgängerzone der Innenstadt und am Rathaus [ek] angeboten. Daneben bieten die meisten Restaurants, fast alle Hotels und Hostels sowie Einkaufszentren ebenfalls WLAN an. Die Netzabdeckung im Hinblick auf mobile Daten ist hervorragend, was auch auf die Palästinensergebiete zutrifft. Weitere Infos siehe „Telefonieren“ auf Seite 118.

LGBT+

Israel gilt allgemein als aufgeschlossen gegenüber der LGBT-Community. Allerdings ist Jerusalem deutlich konservativer als Tel Aviv, das als LGBT-Hochburg gilt. In Jerusalem gibt man sich deutlich weniger selbstbewusst, nur an einzelnen Orten kann man sich hier unbeschwert zu seiner sexuellen Identität bekennen. Bei der jährlichen **Gay Pride Parade,** die nur unter dem massiven Schutz von Sicherheitskräften durchgeführt werden kann, wurden 2015 bei einem Attentat sechs Teilnehmer getötet. **Homosexuelle Handlungen** sind **in den Palästinensergebieten strafbar,** der Austausch von Zärtlichkeiten in der Öffentlichkeit ist hier ein absolutes Tabu. Auch in israelischen Gegenden ist äußerste Zurückhaltung ratsam, das ultraorthodoxe Viertel Me'a She'arim 43 sollte man nicht betreten.

- 109 [dk] **Jerusalem Open House,** Rehov Ha-Soreg 2, http://joh.org.il, Do., So.–Di. 10–16 Uhr. Das Open House versteht sich als zentrale Anlaufstelle für die Belange der LGBT-Community und hilft bei allen Fragen. Über die Website kann ein empfehlenswerter englischsprachiger Guide heruntergeladen werden.
- 110 [dk] **Video,** Rehov Horkanos 1, Facebook: video80s, Sa.–Do. ab 20, Fr. ab 22 Uhr. Jerusalems einzige Gay-Bar ist ein Refugium und befindet sich ausgerechnet in direkter Nachbarschaft zum ultraorthodoxen Viertel Me'a She'arim. Das Lokal mit Tanzfläche zieht Frauen und Männer gleichermaßen an, es werden wechselnde Mottopartys und Konzerte veranstaltet, die Drag-Truppe Alla Nesh tritt hier regelmäßig auf.

› Das für seine liberale Stimmung bekannte Café **Tmol Shilshom** (s. S. 82) ist ebenfalls ein guter Anlaufpunkt.

Medizinische Versorgung

Die medizinische Versorgung befindet sich auf einem guten Niveau. Da die Europäische Krankenversicherungskarte in Israel nicht gültig ist, wird der Abschluss einer **Auslandsreisekrankenversicherung** (mit Rückholoption) dringend empfohlen. Ist eine medizinische Behandlung notwendig, muss man den anfallenden Betrag unmittelbar danach vor Ort in Schekel entrichten und bekommt diesen nach Einreichung aller Unterlagen zu Hause erstattet, was auch für Medikamente gilt.

Krankenhäuser

- 111 **Hadassah Medical Center Mount Scopus,** Sderot Churchill 8, www.hadassah-med.com, Tel. 02 6779111. Ableger des Hadassah-Krankenhauses auf dem Skopusberg 30 mit moderner Einrichtung und über 30 Abteilungen, auch für zahnärztliche Notfälle.

075je-mb

⊡ *Haben Sie einen Termin? Tierische Sprechstundenhilfe in der Altstadt*

112 Hadassah University Hospital, Rehov Kalman Ya'akov Man, Ein Kerem 46, www.hadassah-med.com, Tel. 02 6777111. Modernes Krankenhaus im Westen der Stadt, das über alle Annehmlichkeiten verfügt, aber teurer ist als andere Krankenhäuser Jerusalems. Hier kann man die Chagall-Fenster (s. S. 64) bestaunen.

Apotheken

Die empfehlenswerte Kette **Super-Pharm** ist an zahlreichen Orten vertreten und hat neben Medikamenten auch etliche Drogerieartikel im Angebot.

113 [dk] **Super-Pharm (1),** Jaffa Street 29, https://shop.super-pharm.co.il, So.–Do. 8–23.30, Fr. 8–15, Sa. 18.30–24 Uhr

114 [A3] **Super-Pharm (2),** Rehov Shlomo ha-Melekh 9, So.–Do. 8.30–24, Fr. 8.30–15, Sa. 18.30–24 Uhr

Mit Kindern unterwegs

Jerusalem ist sicher keine Stadt, die auf den ersten Blick ein Traumziel für die ganze Familie darstellt. Es ist oft laut, die Eindrücke sind fremd und gerade für kleine Kinder kann dies mitunter etwas verstörend wirken. Wer die Altstadt mit einem Kinderwagen erkunden möchte, sollte von dieser Idee besser Abstand nehmen – zu uneben ist das Pflaster und zu rutschig sind die Stufen. Sind die Kinder schon etwas älter, also nicht mehr im Grundschulalter, können sie sicher eher etwas mit dem orientalischen Zauber der Stadt anfangen. Positiv hervorzuheben ist, dass sowohl Palästinenser als auch Israelis ungemein **kinderfreundlich** sind und beide Kinderreichtum als Gottes Segen ansehen. Es wird sich also niemand an herumrennenden Kindern oder weinenden Babys im Restaurant stören.

Hier einige **Attraktionen** für verschiedene Altersgruppen:

› Eine Fahrt mit **Altstadtzug** (s. S. 118) bereitet Kindern gewiss viel Freude.

115 [al] **Bloomfield Science Museum,** Sderot HaMuze'onim 3, www.mada.org.il, Tel. 02 6544888, So.–Do. 10–18, Fr. 10–14, Sa. 10–16/17 Uhr, Erw. und Kinder 60 ₪. Mitmachmuseum, das für Kinder ab 5 Jahren gedacht ist. Hier kann der Nachwuchs im Spiegellabyrinth staunen, einen 3-D-Film (10 ₪) anschauen und ganz nebenbei lernen, wie ein Computer funktioniert, wie aus Samen Pflanzen werden oder wie optische Täuschungen funktionieren. Die von Künstlern mitgestalteten Ausstellungen werden um aufschlussreiche Wechselausstellungen ergänzt, daneben gibt es täglich mehrere Shows und Mitmachaktionen.

› **Temple Mount Sifting Project** (s. S. 45): Einmal Archäologe sein und Teil einer echten Ausgrabung werden kann man auf dem Skopusberg 30.

•**116** [el] **Time Elevator,** Rehov Yitshak Kariv 6, www.time-elevator.co.il/en, So.–Do. 10–17.20, Fr. 10–13 Uhr (letzte Vorstellung), 54 ₪, ab 5 Jahren. Geschichte

076je-mb

Der Biblische Zoo ist gerade für Kinder spannend (s. S. 115)

muss nicht langweilig sein: In einer rasanten Multimedia-Vorführung werden den Besuchern zwei verschiedene Shows zur Geschichte der Stadt geboten, wobei besonders Time Elevator Jerusalem für Familien interessant ist (auch auf Deutsch).

117 [em] **Train Theater,** Liberty Bell Park, www.traintheater.co.il, Tel. 02 5618514. Das wohl bekannteste **Puppen- und Kindertheater** des Landes verzaubert seine kleinen Gäste, auch diejenigen ohne Sprachkenntnisse, und veranstaltet einmal jährlich im Sommer ein renommiertes internationales Puppenspielerfestival. Praktisch: Auf der Website wird angezeigt, für welche Altersstufe die Vorführungen jeweils geeignet sind.

Mein Tipp

Auf den Spuren der Arche Noah

Der **Biblische Zoo** ist etwas ganz Besonderes, denn viele Tiere, die hier zu sehen sind, kommen in der Bibel vor. Englischsprachige Infotafeln informieren über den Lebensraum der einzelnen Arten. Positiv hervorzuheben ist, dass die Tiere genügend Platz haben, außerdem sind die Anlagen so gestaltet, dass man als Besucher nah an die Zoobewohner herankommt, ohne diese zu stören. Der Zoo beteiligt sich an verschiedenen Aufzuchtprogrammen und beherbergt auch bedrohte Tierarten.

Ein gesonderter Bereich, in dem man auf Holzstegen unterwegs ist, ist den Tieren der Bibel gewidmet. Am Ende dieses Areals wartet ein **Nachbau der Arche Noah** auf Entdecker. Für 3 ₪ zusätzlich kann man sich mit dem **Zug** durch den Zoo fahren lassen.

Etwa 15 Min. zu Fuß vom Zoo entfernt ist das **Aquarium,** das u. a. über die Vermüllung der Meere und Umweltschutz informiert. Hauptthema ist die Unterwasserwelt der vier „Meere" Israels.

★118 **Biblischer Zoo und Aquarium,** Derech Aharon Shulov 1, www.jerusalemzoo.org, Tel. 02 6750111, So.-Do. 9-18, Fr. und vor Feiertagen 9-16, Sa. und Feiertage 9-18 Uhr, Erw. 63 ₪, Kinder 3-18 Jahre 49 ₪, Aquarium 57 ₪, erm. 58 ₪

› **Anfahrt:** Bus 33, 26a oder Zug 111, 124 (Bahnhof direkt beim Zoo)

Notfälle

Notrufnummern

- **Polizei:** Tel. 100
- **Unfallrettung:** Tel. 101
- **Feuerwehr:** Tel. 102
- **Pannendienst:** Tel. 7178112 (israelischer Automobilklub)

Kartensperrung

Bei **Verlust der Debit-/Giro-, Kredit- oder SIM-Karte** gibt es für Kartensperrungen eine **deutsche Zentralnummer** (unbedingt vor der Reise klären, ob die eigene Bank bzw. der jeweilige Mobilfunkanbieter diesem Notrufsystem angeschlossen ist). **Aber Achtung:** Mit der telefonischen Sperrung sind die Bezahlkarten zwar für die Bezahlung/Geldabhebung mit der PIN gesperrt, nicht jedoch für das **Lastschriftverfahren mit Unterschrift.** Man sollte daher auf jeden Fall den Verlust zusätzlich bei der Polizei zur Anzeige bringen, um gegebenenfalls auftretende Ansprüche zurückweisen zu können.

In **Österreich** und der **Schweiz** gibt es keine zentrale Sperrnummer, daher sollten sich Besitzer von in diesen Ländern ausgestellten Debit- oder Kreditkarten vor der Abreise bei ihrem Kreditinstitut über den zuständigen Sperrnotruf informieren.

Generell sollte man sich immer die **wichtigsten Daten** wie Kartennummer und Ausstellungsdatum **separat notieren,** da diese unter Umständen abgefragt werden.

- **Deutscher Sperrnotruf:** Tel. +49116116 oder Tel. +493040504050
- **Weitere Infos:** www.kartensicherheit.de, www.sperr-notruf.de

Öffnungszeiten

Museen sind in der Regel von Sonntag bis Donnerstag geöffnet, allerdings gibt es zahlreiche Ausnahmen. **Geschäfte** haben meist von 9 bis 19/20 Uhr geöffnet, **Supermärkte** von 7 bis 21/22 und **Banken** von 8.30 bis 12 Uhr, an manchen Tagen auch nachmittags. **Restaurants** in touristischen Gegenden sind oft durchgängig geöffnet, viele machen jedoch eine ausgedehnte Mittagspause, was auch auf kleinere, inhabergeführte Läden zutrifft.

Wichtig: Am **Schabbat** steht das öffentliche Leben so gut wie still. Von **Freitag- bis Samstagabend** sind die meisten Sehenswürdigkeiten, Geschäfte und Restaurants geschlossen, auch der öffentliche Nahverkehr ruht, abgesehen von palästinensischen Bussen (s. S. 124). Der Tag ist also mit dem christlichen Sonntag nur bedingt vergleichbar und erfordert eine vorausschauende Reiseplanung – insbesondere bei der An- oder Abreise muss man sich dann eine alternative Fahrgelegenheit vom bzw. zum Flughafen organisieren. Fragt man Israelis, was man am Schabbat in Jerusalem unternehmen kann, so antworten sie oft scherzhaft: „Nach Tel Aviv fahren". Ganz so schlimm ist es in der Praxis dann doch nicht: Einige Imbissbuden und wenige Lokale (s. S. 77) haben geöffnet, manche Museen mittlerweile auch und in der quirligen Altstadt merkt man von dem Ruhetag ohnehin nicht viel (im Muslimischen Viertel ist dafür am Freitag spürbar weniger los).

Geschäfte, die von **Muslimen** betrieben werden, schließen häufig am Freitagnachmittag, **christliche** haben oft sonntags geschlossen.

Der **Sonntag** hingegen ist ein ganz normaler Arbeitstag. Viele Kulturinstitutionen, insbesondere solche, die sich mit christlichen oder islamischen Themen befassen, haben an diesem Tag geöffnet, auch in den arabisch-palästinensischen Vierteln geht es zu wie an einem gewöhnlichen Wochentag.

Post

Briefe und Postkarten können in der Post abgegeben oder in einen der **roten Briefkästen** eingeworfen werden, die ein Überbleibsel aus der Zeit des britischen Mandats sind. Postkarten sind oft über eine Woche unterwegs, das Porto kostet rund 7 ₪. **Briefmarken** sind in Postfilialen, in vielen Hotels und an Kiosken erhältlich.

Sicherheit

Wie an nur wenigen anderen Orten ist in Jerusalem aufgrund der stets **angespannten Lage** besondere Aufmerksamkeit angebracht. „Beruhigend" sollte sein, dass die Israelis aufgrund der Tatsache, dass sie seit Jahrzehnten an Anschläge gewöhnt sind, ein besonderes Gespür für Gefahren haben. Wenn man also merkt, dass Menschen aufgrund einer Bedrohungssituation besondere Verhaltensweisen an den Tag legen, sollte man es ihnen gleichtun und sich je nach Situation ebenfalls verstecken, wegrennen oder Hilfe suchen.

An hohen jüdischen oder muslimischen **Feiertagen** sollte man bestimmte Bereiche der Stadt (v.a. religiöse Stätten) meiden, da es dann mitunter zu **Zusammenstößen mit Sicherheitskräften** kommen kann.

Taschendiebstahl und andere Kleindelikte kommen durchaus vor, besondere Vorsichtsmaßnahmen müssen aber nicht getroffen werden. Der gesunde Menschenverstand ist hier immer der beste Reisebegleiter.

Es lohnt sich, eine Kopie des Reisepasses mit sich zu führen, falls es zu **Kontrollen** kommt. An bestimmten Orten ist der Reisepass im Original vorzulegen. Generell sind israelische Sicherheitskräfte in Jerusalem omnipräsent, sodass man im Falle eines Verbrechens schnell Hilfe erwarten kann.

Sprache

Hebräisch gilt als älteste noch gesprochene Sprache der Welt. Die wie das Arabische, das Amharische und das Maltesische der semitischen Familie zugehörige Sprache war jahrhundertelang praktisch aus dem Alltagsleben verschwunden und in vielen Familien religiösen Riten und Gesprächen am Schabbat vorbehalten. Erst mit der Idee des Zionismus und der Gründung des Staates Israel erlebte sie ein Revival. Wer ein paar Brocken Hebräisch lernen möchte, findet im Anhang eine Kleine Sprachhilfe (s. S. 130) – so zaubert man garantiert ein Lächeln auf die Lippen israelischer Gesprächspartner.

Im Alltag hört man fast ebenso häufig **Englisch**, was zum einen an den exzellenten Sprachkenntnissen der Israelis, aber auch an den zahlreichen jüdischen Zuwanderern aus aller Welt liegt. Aufgrund der vielen Migranten aus Nachfolgestaaten der ehemaligen Sowjetunion kommt man ebenfalls gut mit **Russisch** zurecht. **Deutsch** wird interessanterweise häufig verstanden, man sollte aber aus Höflichkeit ein Gespräch nicht auf Deutsch beginnen. Viele Ultraorthodoxe sprechen zudem im Alltag **Jiddisch**, was man als deutscher Muttersprachler bei genauem Hinhören erstaunlich gut verstehen kann.

Ferner spielt **Arabisch** eine wichtige Rolle, für die meisten Muslime und Christen im Land ist es die vorherrschende Sprache. Sie ist offiziell gleichberechtigt, das heißt, Straßenschilder, Busanzeigen etc. sind meist auf Hebräisch, Arabisch und Englisch beschriftet. Ein paar Brocken Arabisch können nicht schaden, aber auch in den muslimisch-arabischen Gebieten kommt man mit Englisch bestens zurecht. Es kommt vor, dass manche Araber es nicht mögen, wenn man sie auf Hebräisch anspricht – hier sollte man im Zweifel lieber auf Englisch zurückgreifen.

077je-mb

☒ *Die wichtigsten Sehenswürdigkeiten sind mehrsprachig ausgeschildert*

Stadttouren

Zu Fuß

- **Mahane-Yehuda-Markt** (42): Über die offizielle Website des Markts (https://en.machne.co.il) kann man für 150 ₪ eine dreistündige, englischsprachige Tour buchen, die nicht nur den Markt selbst, sondern auch das angrenzende Viertel Nahlaot umfasst. Neben dieser klassischen „Open Tour“ werden auch spezielle Themenführungen, z. B. zu Graffitis, Bäckereien oder Bars, sowie Kochkurse angeboten.
- **Sandemans** (www.neweuropetours.eu): Der erfahrene, mittlerweile in zahlreichen Ländern vertretene Anbieter hat kostenlose englisch- und spanischsprachige Walking-Touren (Trinkgeldprinzip) durch die Altstadt im Programm, die gerade zu Beginn eines Urlaubs eine gute Orientierung bieten. Daneben lassen sich kostenpflichtige Spaziergänge durch das Jerusalem der verschiedenen Weltreligionen, zum Ölberg (23), durch die Davidstadt (21) und ins Umland buchen (25–69 €).

Mit dem Minizug

- Mit dem **Altstadtzug (Old City Train)**, der vom Jaffator (1) zur Klagemauer (8) und wahlweise wieder zurück fährt, lassen sich das Armenische und das Jüdische Viertel bequem erkunden. Ein Audioguide liefert unterwegs Infos zu den Sehenswürdigkeiten (auf Facebook, einfache Fahrt 20 ₪, Hin- und Rückfahrt 30 ₪, Abfahrt direkt am Jaffator, So.–Do. 10–17, Fr. 10–14 Uhr).

Per Segway

- **Zuzu**, der größte Segway-Anbieter Israels, bietet drei verschiedene Touren durch unterschiedliche Stadtviertel an, die alle mit einer Einführung starten und gemütlich rollend bei englischsprachigen Erklärungen eine abwechslungsreiche Art der Jerusalem-Erkundung darstellen. Infos und Buchung: www.zuzu.co.il (ab 185 ₪).

Telefonieren

In Israel fallen mitunter horrende **Roaminggebühren** an, was nicht nur für das Telefonieren (der Versand von SMS ist vergleichsweise günstig), sondern insbesondere für die Nutzung einer mobilen Datenverbindung gilt. Man sollte also zur Sicherheit die Mobile-Daten-Option deaktivieren und nur über eines der zahlreichen WLAN-Netze ins Netz gehen. Alternativ kann man sich eine **israelische SIM-Karte** zulegen. Eine solche ist bereits am Flughafen am Kiosk erhältlich und besitzt je nach Tarif eine Gültigkeit von einer Woche bis zu einem Monat. Die relativ hohen Kosten (bis zu 60 €) umfassen allerdings neben unbegrenzten kostenlosen Gesprächen und SMS innerhalb Israels auch Freiminuten ins Ausland und ein schier unerschöpfliches Datenvolumen. Die SIM-Karte kann dank eines Kooperationsabkommens auch in den palästinensisch verwalteten Gebieten genutzt werden. Ferner sind SIM-Karten in den Läden der Mobilfunkanbieter erhältlich, dies ist allerdings mit einem höheren Registrierungsaufwand verbunden.

Die **Netzabdeckung** in Israel ist hervorragend, das trifft auch auf die palästinensischen Autonomiegebiete zu.

Viele öffentliche Institutionen geben anstatt normaler Telefonnummern gerne **Kurzwahlnummern** an (z. B. *1234). Was für die Israelis praktisch und reibungslos funktioniert, klappt allerdings mit mitteleuropäischen SIM-Karten nicht immer.

Vorwahlen

- **Israel:** +972
- **Jerusalem:** 02
- **Deutschland:** +49
- **Schweiz:** +41
- **Österreich:** +43

Uhrzeit

Israel liegt in der **Osteuropäischen Zeitzone**, das heißt, dass es dort immer eine Stunde später als in Mitteleuropa ist. Auch im Heiligen Land erfolgt eine Umstellung auf Sommer- bzw. Winterzeit.

Unterkunft

Unterkünfte sind in Jerusalem in **allen Preiskategorien** vorhanden, wobei die Bandbreite von einfachsten Pilgerquartieren bis zu modernen Luxustempeln reicht. Insgesamt ist das Angebot an bezahlbaren Unterkünften im Dreisternebereich nicht eben groß, sodass eine **frühzeitige Buchung** angeraten wird. Übernachtungspreise werden meist in Dollar angegeben.

Eine Besonderheit stellen die **Schabbat-Aufzüge** dar, die in vielen Hotels installiert sind und von Freitagnachmittag bis Samstagabend automatisch in jedem Stockwerk halten, sodass man als frommer Jude keinen Knopf drücken muss. Wer nur ein paar Stockwerke überwinden muss, der sollte vielleicht lieber die Treppe nehmen, sonst kann die Fahrt von ganz oben nach ganz unten ewig dauern.

Preiskategorien

€	bis 100 €
€€	100–200 €
€€€	200–300 €
€€€€	ab 300 €

Die Preise beziehen sich auf eine Übernachtung im Doppelzimmer inklusive Frühstück.

Hotels

119 [dm] **Dan Panorama** €€€, Rehov Keren HaYesod 39, www.danhotels.com, Tel. 03 7408966. **Beste Sicht auf die Stadt:** Eine Augenweide ist das Hochhaus sicher nicht, dafür hat man hier einen hervorragenden Ausblick auf die Altstadt und genießt einen exzellenten Service. Die Zimmer sind behaglich dekoriert. Das Hotel punktet ferner mit seinem Pool auf dem Dach und einem Fitnessstudio.

120 [dk] **Jeru Caps hotel** €, Rehov Rabbi Akiva 1, http://jerucapshotel.co.il/en, Tel. 02 5449000. **Günstig wohnen im Tokyo-Stil:** Das 2019 eröffnete Kapselhotel ist preislich kaum zu toppen und befindet sich ganz in der Nähe der zentralen Jaffa Street. Wer nicht viel Wert auf Platz legt und ein ungewöhnliches Schlaferlebnis sucht, ist hier genau richtig. Neben gemischten Schlafsälen gibt es auch welche, die nach Geschlechtern getrennt sind.

121 [em] **King David Hotel** €€€€, King David Street 23, Tel. 02 6208888, www.danhotels.com/JerusalemHotels/KingDavidJerusalemHotel. **Königlich nächtigen:** Seit seiner Gründung hat das Luxushotel direkt gegenüber dem YMCA so viele gekrönte Häupter, Politiker und Stars beherbergt, dass eine Auflistung hier seitenfüllend wäre. Bis heute hat es nichts von seinem Zauber eingebüßt, auch wenn ein zionistischer Anschlag 1946 hier fast 100 Todesopfer forderte.

078je-ymca

Die Räumlichkeiten sind an biblische Epochen angelehnt und im Art-déco-Stil gehalten. Wie es sich für ein Fünfsternehotel gehört, mangelt es an nichts, vor allem der riesige Pool sticht heraus, in dem man mit Sicht auf die Altstadt seine Bahnen ziehen kann.

122 [en] **Mount Zion Boutique Hotel & Suites** €€€, Hebron Road 17, www.mountzion-jerusalem.com, Tel. 02 5689555. **Ein orientalischer Traum:** Die zentral gelegene Unterkunft ist im Stil alter osmanischer Paläste mit passendem Interieur gestaltet und verfügt über ein umfangreiches Wellnessangebot. Das Haus verfügt sogar über ein echtes Hammam. Vom Pool sieht man den Zionsberg. Derzeit wird das Hotel **renoviert und ist geschlossen.**

123 [A3] **New Imperial Hotel** €€, direkt neben dem Jaffator 1, www.newimperial.com, Tel. 02 6282261. **Urige Traditionsunterkunft in der Altstadt:** In dem Gebäude aus dem 19. Jh., das der griechisch-orthodoxen Kirche gehört und von der palästinensischen Familie Dajani geleitet wird, nächtigten bereits die Offiziere Kaiser Wilhelms II. und die schwedische Literaturnobelpreisträgerin Selma Lagerlöf. Die 48 Zimmer sind modern eingerichtet, die Gemeinschaftsräume gemütlich und dem historischen Rahmen angemessen dekoriert, auch das Frühstücksbüfett lässt keine Wünsche offen. Besonders schön ist die Dachterrasse mit Blick auf die Stadtmauern und den Tempelberg. Spannend sind die vielen Anekdoten rund um das Gebäude, die der sympathische Betreiber seinen Gästen gerne erzählt.

124 [dm] **The Inbal** €€€€, Rehov Ze'ev Jabotinsky 3, www.inbalhotel.com, Tel. 02 6756666. **Wo schon Clinton und Gorbatschow ihr Haupt betteten:** In der häufig ausgebuchten Unterkunft, die die Silhouette der Neustadt entscheidend mitprägt, mangelt es an nichts: exzellentes Frühstücksbüfett, 330 elegante Zimmer und Suiten, mehrere Restaurants, Fitnessstudio, Spa und ein Outdoor-Pool, der dank intelligenter Technik sogar im Winter genutzt werden kann. Bei der Buchung sollte man nach einem Zimmer mit Altstadtblick fragen, sonst schaut man eventuell nur auf den Innenhof.

125 [en] **The Templer Inn** €€€, Derech Beit Lechem 16, www.templerinn.com, Tel. 02 5631956. **Im Herzen der German Colony:** Christian Messerle, ein Templer-Siedler, errichtete dieses schöne Haus im 19. Jh., in den 1950er-Jahren zog die Großmutter des heutigen Besitzers ein, danach wurde es komplett renoviert und heute wird es an Gäste vermietet. Die attraktiven, auch für kleine Familien geeigneten Suiten unweit von The First Station lassen es an nichts fehlen. Das erstklassige Frühstück wird im schattigen Innenhof eingenommen. Eventuell sollte man aber Ohrstöpsel mitbringen, da es nachts etwas lauter werden kann. Das größte Plus ist das nette Betreiberehe-

Das YMCA verbindet historischen Charme mit modernem Komfort

paar, das seinen Gästen jeden Wunsch von den Augen abliest.

› **The Walled Off Hotel** €€€-€€€€ (s. S. 67). **Eine wahrhaft kunstvolle Unterkunft:** Das von dem weltberühmten Street-Art-Künstler Banksy gestaltete Hotel in Bethlehem 47 ist nicht nur ein echter Hingucker, sondern erinnert auch an den schmerzhaften Konflikt zwischen Israelis und Palästinensern. Die Zimmer bieten allen Komfort, die teureren dazu Blick auf die Mauer.

126 [dj] **Villa Brown** €€€€, Rehov Haneviim 54, Tel. 02 5011555, www.brownhotels.com (unter „Villa Brown"). **Zum Träumen und Entspannen:** Im Herzen Jerusalems wurde die Villa eines Krankenhausdirektors aus osmanischer Zeit in ein gepflegtes Boutique-Hotel umgewandelt, in dem man sich herrlich entspannen kann. Hierfür sorgen kleine Balkone, ein Whirlpool auf dem Dach und ein Spa (gegen Aufpreis). In die alte Zisterne im Untergeschoss ist eine schicke Bar eingezogen und das Frühstück kann im hübschen, kleinen Garten eingenommen werden. Dazu gibt es auf Wunsch High Tea um 17 Uhr.

127 [dl] **Waldorf Astoria** €€€-€€€€, Rehov Gershon Agron 26–28, https://waldorfastoria3.hilton.com, Tel. 02 5423333. **Stilvoll nächtigen in historischen Gemäu-**

MEINE TIPPS

Eine Oase der Ruhe

1881 gelangte eine Gruppe amerikanischer Utopisten vor die Tore Jerusalems und gründete, ähnlich wie die deutsche Tempelgesellschaft (s. S. 50), eine kleine Stadt, die den Namen **American Colony** trug. Heute befindet sich in dem Komplex in arabischer Nachbarschaft eines der schönsten Hotels der Stadt mit gediegen-behaglicher Einrichtung, Sauna, Pool, Fitnessstudio und einem traumhaften, begrünten Innenhof. Hier nahm die Legende um Lawrence von Arabien ihren Anfang, der seinem Begleiter in den Hallen der Kolonie von seinen Erlebnissen berichtete.

Teil der Anlage ist auch eine der beiden Filialen von **The American Colony Bookshop** (s. S. 88) sowie ein reizendes **Souvenirgeschäft,** das so vollgepackt ist mit interessanten Mitbringseln, dass die Regale förmlich unter der Last der Waren zu ächzen scheinen. Frühstück und Halbpension gegen Aufpreis möglich, angeschlossen sind auch ein **Restaurant** und eine **Bar.**

128 **The American Colony Hotel** €€€-€€€€, Rehov Louis Vincent 1, www.americancolony.com, Tel. 02 6279777

It's fine to stay at the YMCA …

… wussten schon die Village People. Der Jerusalemer Ableger ist schon unter architektonischen Gesichtspunkten eine Besonderheit. Der Bau wurde Ende des 19. Jh. vom Architekten des Empire State Building entworfen, wobei die biblischen Zahlen 12 und 40 mehrfach in die Architektur übertragen wurden. Der Gründer der Einrichtung wollte einen Ort für alle Religionen schaffen, nach wie vor wird dem interreligiösen Dialog viel Raum gegeben, z. B. im Gebetsraum. Auch ein riesiges Sport- und Fitnesszentrum, ein Kindergarten, ein Theater und ein Restaurant sind angeschlossen. Das absolute Highlight ist jedoch der imposante **Aussichtsturm,** den auch Nichtgäste für 15 ₪ (tägl. 8–20 Uhr) besuchen können. Hier bietet sich nicht nur ein toller 360-Grad-Blick auf die Stadt, ein Stockwerk tiefer lockt zudem das **einzige Carillon des Nahen Ostens.** Auch die wunderschöne Lobby, die ein wenig wie eine Kirche wirkt, kann von Touristen besucht werden. Die Zimmer werden nach und nach renoviert, sie sind sauber und gemütlich.

129 [dm] **YMCA** €€-€€€, King David Street 26, www.ymca3arches.com, Tel. 02 5692692

Buchungsportale

Neben Buchungsportalen für Hotels (z. B. www.booking.com, www.hrs.de oder www.trivago.de) bzw. für Hostels (z. B. www.hostelworld.de) gibt es auch Anbieter, bei denen man Privatunterkünfte buchen kann. Portale wie www.airbnb.de, www.wimdu.de oder www.9flats.com vermitteln Wohnungen, Zimmer oder auch nur einen Schlafplatz auf einer Couch. Diese oft recht günstigen Übernachtungsmöglichkeiten sind nicht unumstritten, weil manchmal normale Wohnungen gewerblich missbraucht werden. Wenn die Stadt regulierend eingreift, kann das zu kurzfristigen Schließungen führen. Eine Buchung unterliegt also einem gewissen Restrisiko.

ern: In idealer Lage nahe der Altstadt ließ der Großmufti von Jerusalem in den 1930er-Jahren das erste Luxushotel der Stadt errichten, das später die israelische Handelskammer beherbergte und anschließend verfiel, ehe es vor wenigen Jahren auf behutsame Weise aus dem Dornröschenschlaf geweckt und um einen modernen Anbau erweitert wurde. Es mangelt an nichts: Zwei Restaurants, eine nigelnagelneues Spa, eine herrliche Dachbar und eines der besten Frühstücksbüfetts der Stadt machen einen Aufenthalt zu einem rundum gelungenen Erlebnis.

Apartments

› **Sweet'n Kerem** €€ (s. S. 63). **Wohnen in der Schokoladenmanufaktur:** Die herzlichen Betreiber der kleinen Manufaktur mit Café und Restaurant vermieten drei Apartments im Obergeschoss, die mit allem Nötigen ausgestattet sind. Man kann zudem die wunderbare Dachterrasse nutzen und dort im Whirlpool entspannen oder grillen. Ein netter Ort abseits des Großstadttrubels in Ein Kerem 46.

Hostels

130 [cj] **Abraham Hostel** €, Davidka Square 67, Tel. 02 6502200, https://abrahamhostels.com/jerusalem/de. Zentral in der Neustadt gelegene Unterkunft mit unterschiedlichen Zimmerkategorien. Ein großes Plus sind die **vielen Events** wie gemeinsames Kochen eines Schabbat-Mahls, ein Hummus-Workshop oder eine Pub-Tour. Die zugehörige kleine Reiseagentur neben der Rezeption bietet zudem gute Touren durch das ganze Land zu günstigen Preisen an. Eher ein Party- als ein Erholungshostel, dafür gibt es kostenlose Ohrenstöpsel und Privatzimmer mit viel Ruhe.

131 [dk] **Cinema Hostel** €, Rehov Shamai 4, www.cinema-hostel.com, Tel. 07 77037322. Im Jahr 2018 wurde das vielleicht ungewöhnlichste Hostel Jerusalems **in einem alten Kino** aus den 1930er-Jahren eröffnet, dessen Räumlichkeiten perfekt an die Anforderungen einer modernen Unterkunft angepasst wurden. Der Filmsaal wurde zu einem gemütlichen Aufenthaltsraum, eine stylishe Bar mit deutschem Weizenbier vom Fass und leckeren Cocktails, eine schöne Dachterrasse, Film- und Spiele-Abende sowie Schabbat-Dinner sorgen für einen rundum gelungenen Aufenthalt – ob im Schlafsaal, im Einzelzimmer oder in der Schlafkapsel.

Pilgerunterkünfte

132 **Deutsches Hospiz St. Charles** €€, Rehov Lloyd George 12, www.deutsches-hospiz.de, Tel. 02 5637737. Mitten in der German Colony gelegen ist diese Pilgereinrichtung, die gut als Dreisternehotel durchgehen könnte und deren Wur-

zeln bis ins späte 19. Jh. zurückreichen. DZ und EZ (alle mit eigenem Bad) inkl. Frühstück. Angeschlossen ist auch ein Kindergarten für vornehmlich palästinensische Kinder.

11 [C2] **Österreichisches Hospiz** €-€€: Das Erzbistum Wien betreibt diese historische Pilgerherberge an der Via Dolorosa, in der man in einfachen Schlafsälen sowie großzügigeren Ein- bis Dreibettzimmern und einer Suite übernachten kann, wahlweise mit Halbpension. Die Preise sind für diese Lage ausgesprochen niedrig (s. S. 27).

Verhaltenstipps

- Im Allgemeinen wird man nicht schief angeschaut, wenn man sich **als Deutscher „outet"**, im Gegenteil: Gerade die junge Generation verbindet mit der Bundesrepublik ein weltoffenes Land. Dennoch kommen abfällige Kommentare bis hin zu aggressivem Verhalten vor, wenn auch äußert selten und eher bei älteren Semestern. Es empfiehlt sich, auf Provokationen nicht zu reagieren und zur Not einfach wegzugehen. Andererseits kann es auch vorkommen, dass man von manchem Araber angesichts der deutschen Vergangenheit freudig mit einem Hitlergruß bedacht wird. Einfach nicht reagieren, auch wenn es schwerfällt – Diskussionen haben nur wenig Sinn.
- **Polizeiposten, Polizisten, Soldaten** und **militärische Einrichtungen** sollten besser nicht fotografiert werden. Den Anweisungen des Sicherheitspersonals ist immer Folge zu leisten.
- Seinen **Reisepass** sollte man immer dabei haben. Zwar reicht meist eine Kopie aus, aber mitunter lassen sich Sicherheitsposten bei Kontrollen nicht darauf ein. Auch die **Einreisekarte,** die man bei der Ankunft erhält, sollte man stets bei sich tragen.
- In **religiösen Stätten** aller drei Weltreligionen ist auf **angemessene Kleidung** zu achten. Männer sollten lange Hosen und Frauen zumindest knielange Röcke oder Hosen tragen. In Kirchen dürfen Männer keine, in Synagogen müssen sie eine Kopfbedeckung (Kippa) tragen, diese wird meist am Eingang ausgegeben. Frauen müssen in Synagogen (hier werden meist Tücher verteilt), orthodoxen Kirchen und Moscheen ein Tuch auf dem Kopf tragen. Am besten, man nimmt ein Seidentuch mit, das man dann bei Bedarf trägt.
- Obgleich nicht immer auf den ersten Blick ersichtlich ist, welcher Religion jemand angehört: Muslime spricht man besser nicht mit „Shalom" und Juden besser nicht mit „Salam Aleikum" an. Der **richtige Gruß** und einige Brocken Hebräisch oder Arabisch kommen ansonsten sehr gut an. Eine Ausnahme bilden manchmal ultraorthodoxe Juden, die die heilige Sprache Hebräisch nicht für Profanes missbrauchen wollen. Wer Zweifel hat, spricht **Englisch** – das wird von fast allen verstanden.
- Am **Schabbat** sollte man noch mehr als sonst auf die religiösen Befindlichkeiten Rücksicht nehmen. Man sollte davon Abstand nehmen, Betende zu fotografieren, das gilt auch für die Klagemauer 8. Außerdem sollte man den Stadtteil Me'a She'arim 43 an diesem Tag meiden.

Verkehrsmittel

Straßenbahn (Light Rail)

Jerusalems einzige Tramlinie verbindet den Norden mit dem Südwesten der Stadt. Ausgehend von der Endhaltestelle **Heil Ha-Avir** im Norden verkehrt die Tram bis zum **Herzlberg** 44, und zwar von 5.30 Uhr bis Mitternacht je nach Tageszeit in Zeitabständen von 6 bis 15 Minuten, am Freitag vor dem Schabbat alle 7, am Samstagabend selbst alle 10 Minuten. Für **Touristen** ist die Straßenbahn nur eingeschränkt interessant, da sie nicht in der Altstadt verkehrt und auch nur wenige der in diesem Buch beschriebenen Sehenswürdigkeiten der Neustadt an der Fahrstrecke liegen. Von Belang ist eigentlich nur das Teilstück zwischen Damaskustor 9 und Herzlberg.

Die **Ticketautomaten** an den Haltestellen verfügen auch über eine englische Menüführung. Das Ticket muss bei Fahrtantritt entwertet werden. Ein Kind bis zum Alter von fünf Jahren fährt kostenlos mit, für jedes weitere Kind muss bezahlt werden. Die Tickets sind jeweils nur für die Straßenbahn gültig, ein Umstieg in den Bus ist nicht möglich. Verwendet man die **Rav-Kav Card** (s. rechts), kann man zusätzlich den Bus nutzen, das Ticket ist dann 90 Min. gültig. Ein Einzelticket kostet 5,90 ₪, ebenfalls erhältlich und im Verhältnis günstiger sind Zwei-Fahrten- (11,80 ₪), Zehn-Fahrten- (47,20 ₪) und Zwanzig-Fahrten-Tickets (94,40 ₪). Wochen- (64 ₪) und Tagestickets (13,50 ₪) lohnen sich, wenn man den Nahverkehr häufig nutzt.

080je-mb

Busse

Wichtig ist die Unterscheidung zwischen palästinensischen und israelischen Bussen, die teilweise die gleichen Routen befahren. Man kann sie anhand ihrer **Farbe** unterscheiden: Die von Egged betriebenen **israelischen Busse** sind meist **grün**, die **palästinensischen** sind **blau.**

Die **Qualität** der Busse reicht von umfunktionierten Reisebussen, die nur bedingt für den Stadtverkehr geeignet sind, bis zu modernen vollklimatisierten Exemplaren mit USB-Slots zum Laden des Smartphones.

Wichtig: Busse halten nicht immer automatisch an den **Haltestellen**, sondern sollten sicherheitshalber **herangewunken** werden. Haltewünsche sind durch Drücken auf den Halteknopf zu signalisieren, in palästinensischen Bussen, die häufig alte Reisebusse sind, funktioniert das über die Kellner-/Servicetaste über dem Sitz. An Haltestellen sind oft nur die israelischen Busse ausgewiesen, nicht die palästinensischen. Gängige Kartennavigationssysteme verzeichnen aber beide. Zur Orientierung und Reiseplanung vor Ort bieten sich Kartendienste wie Google Maps an (Vorsicht, ohne örtliche SIM-Karte summieren sich die Roamingkosten).

Tickets

Das Ticketsystem ist etwas kompliziert. Um die israelischen (nicht die palästinensischen!) Busse zu nutzen, benötigt man eine **Rav-Kav Card,** eine Guthabenkarte, die sich beliebig oft aufladen lässt. Sie ist kostenlos erhältlich, auch direkt beim Busfahrer.

Zuverlässig und dank Rav-Kav Card leicht zu nutzen: die israelischen Busse

081je-mb

Aufladen lässt sie sich theoretisch an fast jedem Geldautomaten, was jedoch mit ausländischen Kreditkarten nicht immer klappt; es geht aber auch mit Bargeld. Am besten, man lädt sich die praktische **Rav-Kav-App** (s. S. 112) herunter, die das nächstgelegene Ladeterminal anzeigt. Am unkompliziertesten funktioniert das Aufladen an den Terminals der Straßenbahn oder in Geschäften, die dies am Eingang kenntlich machen. Man kann auch an Kiosken nachfragen, oft haben die Betreiber über ihre Smartphones die Möglichkeit, die Karte aufzuladen. Das Aufladen hat zudem den Vorteil, dass man ab einem bestimmten Betrag Freifahrten erhält.

Eine Einzelfahrt mit der Rav-Kav Card gilt für eine Zeitraum von 90 Min., ein Umstieg ist ohne zusätzliche Kosten möglich. Die Rav-Kav Card wird entweder nach dem Einstieg beim Fahrer in das Terminal eingeführt (meist wird dann ein Ticket ausgedruckt, das man bis zum Ausstieg mit sich führen sollte), oder – sofern vorhanden – weiter hinten im Bus auf die dafür vorgesehene Fläche gelegt, bis ein grünes Licht aufleuchtet. Die Rav-Kav Card ist **in palästinensischen Bussen nicht gültig.**

Neben der normalen Rav-Kav Card gibt es auch personalisierte Karten, der Aufwand lohnt sich aber für Touristen nicht. Manche Busfahrer geben auch **Papiertickets** aus, diese sind jedoch teurer als normale Tickets.

In **palästinensischen Bussen** wird in bar bezahlt (pro Fahrt 5 ₪), beim Umstieg in einen anderen palästinensischen Bus oder auf ein israelisches Verkehrsmittel muss erneut gezahlt werden.

Sammeltaxis (Sherut)

Sammeltaxis, die bis zu zehn Passagiere mitnehmen können, spielen in Jerusalem eine geringere Rolle als in anderen Städten des Landes. Ihre Be-

Die Tram ist geeignet, um manche weiter entfernte Ziele zu erreichen

nutzung ist nicht ohne Tücken, da die Fahrtrichtung häufig nur auf Hebräisch oder Arabisch angegeben ist. Der Autor empfiehlt, in Jerusalem das gut ausgebaute Busnetz zu nutzen und ein Sherut nur bei der **Fahrt vom Flughafen in die Stadt** (s. S. 104) in Betracht zu ziehen. Nähere Infos dazu:

› www.israelmagazin.de/israel-abc-was-ist-ein-sherut-taxi-2

Taxis

Die Taxis sind weiß und überall in Jerusalem anzutreffen. Viele Fahrgäste nutzen die israelische App **Gett** (s. S. 112), um ein Taxi zu rufen. Der Vorteil: Man erhält für die ersten Fahrten oft ein ordentliches Guthaben, außerdem sind die Fahrer sehr zuverlässig und man muss sich nicht auf Hebräisch oder Arabisch verständigen, da man das Ziel bereits vor der Abfahrt mithilfe der App festlegt. Bezahlt wird in bar oder per Kreditkarte. Mittlerweile sind die meisten Taxifahrer an das System angeschlossen.

Wer lieber ganz klassisch ein Taxi rufen möchte, für den empfehlen wir die folgenden Anbieter:

› **Albert** (Tel. 506843431, 6–18 Uhr): Der sympathische Albert fährt seine Gäste zuverlässig durch die Stadt und zum Flughafen, außerdem bietet er Sightseeing-Touren zu den wichtigsten Sehenswürdigkeiten an.

› **Jan** (Tel. 05222853000) fährt seine Gäste gerne durch die Stadt und vom/zum Flughafen, auch am Schabbat. Er spricht sehr gut Englisch.

In den **palästinensisch verwalteten Gebieten** sind die Taxis gelb und fahren meist ohne Taxameter. Hier sollte man den Preis vor der Fahrt genau aushandeln, um keine böse Überraschung zu erleben.

Wetter und Reisezeit

Jerusalem ist ein **ganzjähriges Reiseziel.** Idealerweise fährt man im Frühling oder Herbst ins gelobte Land – die Temperaturen sind dann sehr angenehm und weniger drückend als in den heißen Sommermonaten, die sich in Jerusalem nicht nur auf Juli/August beschränken, sondern von Mai bis September andauern.

Plant man nur einen Kurztrip nach Jerusalem, so sollte man den **Samstag meiden,** da das öffentliche Leben von Freitagabend bis zum Ende des **Schabbats** am Samstagabend still steht (s. S. 116).

Bei der Buchung sollte man sowohl jüdische als auch christliche und muslimische **Feiertage** (s. S. 92) im Blick haben. Zu Ostern, um Weihnachten oder an Jom Kippur werden deutlich höhere Preise verlangt.

Wetter in Jerusalem

Durchschnitt	Jan	Febr	März	Apr	Mai	Juni	Juli	Aug	Sept	Okt	Nov	Dez
Maximale Temperatur	12°	13°	15°	22°	25°	28°	29°	29°	28°	25°	19°	14°
Minimale Temperatur	6°	6°	8°	13°	16°	18°	19°	20°	19°	17°	12°	8°
Regentage	13	12	10	4	1	0	0	0	0	4	7	11

ANHANG

082je-mb

Hebräisches und arabisches Ortsverzeichnis

Bei den hier verwendeten Übersetzungen handelt es sich nicht immer um wörtliche Übertragungen, sondern um die vor Ort verwendeten Bezeichnungen. Sie sollen dazu dienen, Einheimischen das Buch zu zeigen, um so den Weg zu einer Sehenswürdigkeit erklärt zu bekommen.

Deutsch/Englisch	Hebräisch	Arabisch
Abendmahlssaal	חדר הסעודה האחרונה	صهيون علية
Al-Aksa-Moschee	מסגד אל-אקצא	المسجد الأقصى
Archäologischer Park und Davidson Center	ירושלים/מרכז דוידסון הגן הארכיאולוגי	حديقة/القدس الأثرية مركز ديفيدسون
Armenisches Viertel	הרובע הארמני	حارة الأرمن
Berg Zion	הר צִיּוֹן	جبل صهيون
Bethanien und Sankt-Anna-Kirche	כנסיית סנטה אנה/ בית עניה	بيت عبرة/ كنيسة القديسة حنة
Bethlehem	בית לחם	بيت لحم
Bible Lands Museum	מוזיאון ארצות המקרא	متحف بلدان الكتاب
Biblischer Zoo und Aquarium	ים על שם משפחת טיש גן החיות התנ"כי בירושל	حديقة الحيوان الكتابية
Cardo	הקארדו	كاردو
Christliches Viertel	הרובע הנוצרי	حارة النصارى
Damaskustor und Arabischer Suq	שער שכם/שוק	اب العمود/سوق
Davidsgrab	קבר דוד המלך	مقام النبي داود
Davidstadt u. Tunnelanlage	עיר דוד	مدينة داوود
Dormitio-Abtei	כנסיית הדורמיציון	كنيسة رقاد السيدة العذراء
Ein Kerem	עין כרם	عين كارم
Felsendom	כיפת הסלע	قبة الصخرة
Geburtskirche	כנסיית המולד	كنيسة المهد
German Colony	המושבה הגרמנית	الألمانية المستعمرة
Givat Ram	רם גבעת	تلة الشيخ بدر
Grabeskirche	כנסיית הקבר	كنيسة القيامة
Herodium	הרודיון	جبل الفريديس
Herzlberg	הר הרצל	هرتزل جبل
Himmelfahrtskapelle	כנסיית העלייה	كنيسة الصعود
Hurva-Synagoge	בית הכנסת החורבה	الخراب كنيس
Hutzot Hayotzer	חוצות היוצר	-
Israel Museum	מוזיאון ישראל	إسرائيل متحف
Jaffator	שער יפו	باب الخليل
Jerusalem	ירושלים	القدس
Jüdisches Viertel	היהודי הרובע	حارة اليهود

Vorseite: Page in Banksys The Walled Off Hotel (s. S. 67) in Bethlehem 47

Kettendom	כיפת השלשלת	قبة السلسلة
Kidrontal	נחל קדרון	وادي الجوز
Kirche aller Nationen	כנסיית כל העמים	الأمم كل كنيسة
Klagemauer	הכותל המערבי	حائط البراق
Knesset	כנסת	كنيست
Kreuzkloster	מנזר המצלבה	عبر الدير
Löwentor	שער האריות	باب الأسباط
Mahane-Yehuda-Markt	שוק מחנה יהודה	سوق ماهان يهودا
Mamilla	ממילא	حي مأمن الله
Maria-Magdalena-Kirche	כנסיית מריה מגדלנה	المجدلية مريم كنيسة
Mariengrab und Garten Gethsemane	מרים שמנים/קבר גת	جثسيماني/قبر مريم
Me'a She'arim	מאה שערים	–
Museum for Islamic Art	מוזיאון לאמנות האסלאם	معهد للفن الإسلامي
Muslimisches Viertel	הרובע המוסלמי	حارة المسلمين
Ölberg	הר הזיתים	جبل الزيتون
Österreichisches Hospiz	האכסניה האוסטרית	التكية النمساوية
Prophetengräber	קברי הנביא	مقابر النبي
Rockefeller Museum	מוזיאון רוקפלר	روكفلر متحف
Sankt-Jakobs-Kathedrale	קתדרלת יעקב הקדוש	كاتدرائية القديس يعقوب للن
Sankt Peter in Gallicantu	גליקנטו אין פטרוס כנסיית	–
Sephardische Synagogen	הספרדיים הכנסת בתי	كنائس سفاردى چار
Skopusberg	הצופים הר	المشارف جبل
Tempelberg	הבית הר	الشريف الحرم
The First Station	תחנה הראשונה	المحطة الأولى
Tower of David	דוד מגדל	القلعة برج
Via Dolorosa	דולורוזה ויה	الآلام طريق
Yad Vashem	ושם יד	فاشيم ياد
Yemin Moshe	משה ימין	موشيه يمين

Kunstvolles Mosaik in der Dormitio-Abtei 17

084je-mb

Kleine Sprachhilfe Hebräisch

Die Sprachhilfe beruht auf dem Kauderwelsch-Sprachführer **„Hebräisch – Wort für Wort"** (Band 37) aus dem Reise Know-How Verlag.

Aussprache

Im Folgenden sind die Buchstaben (-kombinationen) aufgeführt, deren Aussprache abweichend vom Deutschen ist bzw. sein kann.

'	ein Stimmabsatz wie in „be'achten"
ch	wie „ch" in „Krach"
e	zwischen „e" in „nett" und „ä" in „Kälte"
h	wie „h" in „Hamburg"
r	Gaumen-r
s	immer ein stimmloses „s" wie in „Bus"
sh	wie „sch" in „Schach"
tz	wie „z" in „Ziegelstein"
v	wie „v" in „Vase"
y	wie „j" in „Jahr"
z	stimmhaftes „s" wie in „Saal"

Zahlen

0	*efes*
1	*achat*
2	*shtayim*
3	*shalosh*
4	*arba'*
5	*chamesh*
6	*shesh*
7	*sheva'*
8	*shmone*
9	*tesha'*
10	*eser*
11	*achat esre*
12	*shtem esre*
13	*shalosh esre*
14	*arba' esre*
15	*chamesh esre*
16	*shesh esre*
17	*shva' esre*
18	*shmone esre*
19	*tsha' esre*
20	*esrim*
21	*esrim ve echad*
22	*esrim ve shtayim*
23	*esrim ve shalosh*
24	*esrim ve arba'*
25	*esrim ve chamesh*
26	*esrim ve shesh*
27	*esrim ve sheva'*
28	*esrim ve shmone*
29	*esrim ve tesha'*
30	*shloshim*
40	*arba'im*
50	*chamishim*
60	*shishim*
70	*shiv'im*
80	*shmonim*
90	*tish'im*
100	*me'a*
200	*matayim*
300	*shlosh me'ot*
400	*arba' me'ot*
500	*chamesh me'ot*
600	*shesh me'ot*
700	*shva' me'ot*
800	*shmone me'ot*
900	*tsha' me'ot*
1000	*elef*
2000	*alpayim*

Die wichtigsten Richtungsangaben

smol	links
yamin	rechts
yashar	geradeaus
bechasara	zurück
karov	nah
rachok	weit
po	hier
sham	dort

+++ Die wichtigsten Wörter mit dem Bonus-Audiotrack des Kauderwelsch-

al yad/leyad	nebenan
mul	gegenüber
bapina	an der Ecke
batzomet	an der Kreuzung
baramzor	an der Ampel
bamerkaz	im Zentrum
michutz la'ir	außerhalb der Stadt
lifnot	abbiegen
lachzor	zurückgehen

Die wichtigsten Fragewörter

mi?	Wer?
ma?	Was?
ech?	Wie?
efo?	Wo?
le'an?	Wohin?
me'efo?/me'ayin?	Woher?
matay?	Wann?
lama?	Warum?
kama?	Wie viel?

Die wichtigsten Zeitangaben

hayom	heute
machar	morgen
machrotayim	übermorgen
etmol	gestern
shilshom	vorgestern
achshav	jetzt
miyad	sofort
od me'at	bald
tamid	immer
af pa'am lo	nie
kvar	schon
kodem	vorher
achar kach	nachher
mukdam (... yoter)	früh(er)
me'uchar (... yoter)	spät(er)
baboker	morgens
batzohorayim	mittags
ba'erev	abends
be'ofen	täglich

Die wichtigsten Fragen

Gibt es ...?	*yesh ...?*
Ich (m./w.) brauche ...	*ani tzarich/tzricha ...*
Ich (m./w.) möchte ...	*ani rotze/rotza ...*
Geben Sie (m./w.) mir bitte ...	*ten/tni li bevakasha et ...*
Wo kann man ... kaufen?	*efo efshar liknot ...?*
Wie viel kostet das?	*kama se ole?*
Was ist das?	*ma se?*
Wo ist/befindet sich ...?	*efo ...?*
Ich (m./w.) möchte nach ... fahren.	*ani rotze/rotza linso'a le ...*
Wie komme ich (m./w.) nach ...?	*ech ani magi'a/megi'ah le ...?*
Ist das der Bus nach ...?	*se haotobus le ...?*
Wann fährt der Bus nach ... ab?	*matay yotze haotobus le ...?*

Die wichtigsten Floskeln und Redewendungen

ja/nein	*ken/lo*
bitte	*bevakasha*
(Vielen) Dank!	*toda (raba)!*
Guten Morgen!	*boker tov!*
Guten Abend!	*erev tov!*
Herzlich willkommen!	*baruchim haba'im!*
Wie geht's?	*ma nishma?*
Wie geht es dir (m./w.)?	*ma shlomcha/shlomech?*

(Sehr) gut./Es geht so.	*tov (me'od)./kacha kacha.*
Auf Wiedersehen!	*lehitra'ot!*
Hallo!/Tschüss!	*shalom!*
In Ordnung!	*beseder*
Ich (m./w.) weiß (es) nicht.	*ani (lo) yode'a/yoda'at.*
Guten Appetit!	*bete'avon!*
Zum Wohl!/Prost!	*lechayim!*
Bringen Sie (m./w.) mir ...	*tavi/tavi'i li et ...*
Entschuldige/n Sie!	*slicha!*
Es tut mir (m./w.) leid!	*ani mitzta'er/mitzta'eret.*
Gestatten!/Darf ich?	*efshar?*
Sehr gern!	*bekef!*
Können Sie (m./w.) mir helfen?	*ata yachol/at yechola la'asor li?*
Hilfe!	*hatzilu!*
Bringen Sie mich bitte zu/nach ... (im Taxi)	*kach oti le ... bevakasha.*

Im Restaurant

Speisekarte	*tafrit*
Teller	*tzalachat*
Tasse	*sefel*
Wein	*yayin*
Bier	*bira*
Wasser	*mayim*
Milch	*chalav*
Brot	*lechem*
Flasche (groß/klein)	*bakbuk (gadol/katan)*
Glas	*kos*
Gabel	*mazleg*
Messer	*sakin*
Löffel	*kaf*
Serviette	*mapit*
Besteck	*sakum*
Suppe	*marak*
Fleisch	*basar*
Fisch	*dag*
Obst	*pri*
Gemüse	*yerakot*
Salat	*salat*
Können wir bitte die Speisekarte sehen?	*efshar lekabel et hatafrit bevakasha?*
Wir möchten bitte ...	*anachnu rotzim ...*
Was können Sie (m./w.) empfehlen?	*ma ata yachol/at yechola lehamlitz?*
Ich (m./w.) nehme zum Essen ...	*ani rotze/rotza le'echol ...*
Ich (m./w.) nehme zum Trinken ...	*ani rotze/rotza lishtot ...*
Die Rechnung, bitte!	*cheshbon bevakasha!*

Die wichtigsten Einkaufsfloskeln

Ich (m./w.) suche ...	*ani mechapes/mechapeset ...*
Haben Sie (m./w.) ...?	*yesh lecha/lach ...?*
Wo kann ich ... kaufen?	*efo efshar liknot ...?*
Wo kann ich ... finden?	*efo efshar limtzo ...?*
Gibt es hier einen Supermarkt?	*yesh po supermarket?*
Wo ist das/die nächste ...?	*efo ha ... hakarov/hakrova?*
Apotheke	*bet mirkachat*
Buchgeschäft	*chanut sfarim*
Lebensmittelgeschäft	*makolet*
Kleidungsgeschäft	*chanut bgadim*
Souvenirshop	*chanut mazkarot*
Wie viel kostet das?	*kama se ole?*
Wie viel kostet das Kilo?	*kama se ole lekilo?*
Das ist sehr teuer!	*se yakar me'od!*
Das ist zu teuer!	*se yoter miday yakar!*

Nichts verstanden? – Weiterlernen!

Ich (m./w.) spreche nicht (gut) Hebräisch.	*ani lo medaber/medaberet (tov) 'ivrit.*
Ich (m./w.) möchte Hebräisch lernen.	*ani rotze/rotza lilmod 'ivrit.*
Wie bitte?	*ma?*
Was haben Sie (m./w.) gesagt?	*ma amarta/amart?*
Ich habe nicht(s) verstanden!	*ani lo hevanti (klum)!*
Sprechen Sie (m./w.) Englisch?	*ata medaber/at medaberet anglit?*
Wie sagt man ... auf Hebräisch?	*ech omrim ... be'ivrit?*
... auf Deutsch?	*... begermanit?*
... auf Englisch?	*... be'anglit?*
... auf Französisch?	*... betzarfatit?*
... auf Niederländisch?	*... behollandit?*
Können Sie (m./w.) das bitte wiederholen?	*ata yachol/at yechola lehagid et ze od pa'am?*
Sprechen Sie (m./w.) bitte langsamer!	*efshar yoter le'at bevakasha.*
Können Sie (m./w.) mir das bitte aufschreiben?	*ata yachol/at yechola lichtov li et se bevakasha?*

Die hebräische Woche

Sonntag	*yom rishon*
Montag	*yom sheni*
Dienstag	*yom shlishi*
Mittwoch	*yom revi'i*
Donnerstag	*yom chamishi*
Freitag	*yom shishi*
Samstag	*shabat*